LE ROMAN DU SIÈCLE ROUGE

Alexandre Adler Vladimir Fédorovski

Le Roman du Siècle rouge

Propos recueillis par Patrice de Méritens

éditions du
ROCHER

« Le roman des grands destins »

ISBN: 978-2-268-07289-0

Chapitre I
Deux destins parallèles

Alexandre Adler : Avant d'amorcer notre dialogue sur le Siècle rouge, je voudrais dire en quelques mots comment nous nous sommes rencontrés, Vladimir Fédorovski et moi. Nous sommes entrés en contact à une époque assez dramatique, en 1985, alors que la *perestroïka* commençait pour de bon. Il avait été appelé à l'ambassade soviétique à Paris, essentiellement pour mettre en œuvre une politique et une stratégie qui laissaient perplexes les diplomates classiques, quand bien même ils n'y étaient pas tous hostiles.

Comme je m'étais mis à écrire régulièrement sur l'Union soviétique, nous sommes convenus de nous voir et, ce qui n'était pas donné d'avance, nous avons très vite sympathisé. Cela s'est passé « à la russe », parce que nous avions à la fois des références et des goûts communs, et l'un des premiers soirs où il est venu à la maison, nous avons vidé à deux une bouteille de vodka à la cerise, cette liqueur couleur de sang à 50°, la Wisniowka !

Pour rester dans l'ambiance de ces premiers rendez-vous, je rappellerai la célèbre histoire du cadre communiste convoqué au Comité central. Avant de lui accorder une promotion, les dirigeants entendent lever certains doutes sur sa personne. Ils lui demandent s'il boit, ce à quoi il répond qu'il boit « comme un Russe ». L'interrogatoire se poursuit :

à la question de savoir si l'ingestion d'une bouteille de vodka au déjeuner l'empêche de travailler l'après-midi, il répond par la négative ; si deux bouteilles de vodka lui font plus d'effet, il tranche : « Après deux bouteilles de vodka, je ne peux peut-être plus travailler, mais je peux toujours diriger ! »

Vladimir Fédorovski : Je me souviens que notre toute première rencontre se déroula à Paris, au carrefour de Vavin et de Montparnasse, dans un restaurant que nous affectionnions tous les deux : chez *Dominique*, rue Bréa, haut lieu de cette culture russe rose, ni blanche ni rouge, mais habitée de tous les souvenirs du poète Vladimir Maïakovski et de la famille de Léon Aronson. Né à la fin de l'avant-dernier siècle, Aronson ajoutait à sa qualité de propriétaire celle d'éminent critique dramatique, réunissant sur les fameuses banquettes rouges de son établissement tout ce que le monde russe comptait de distingué. Marc Chagall, arrivé à Paris pour la première fois en 1910 ; Ivan Bounine, prix Nobel 1933 de littérature, fuyant la révolution en 1920 ; le chanteur Fédor Chaliapine, à Paris depuis 1922, parti de Russie malgré l'opposition de la Tcheka à l'occasion d'une tournée internationale. Aronson lui-même était une figure mythique.

Comme Alexandre, je garde une vive mémoire de ces lieux si délicieusement et historiquement russes, par-delà les sursauts de l'Histoire, sachant que nous avons eu, l'un et l'autre, plusieurs vies. Né là-bas, sous le régime de Staline, j'aurais normalement dû être plus formaté et plus gauchisant encore qu'Alexandre…

A.A. Disons plus communiste, car je n'ai jamais été gauchiste. Et de fait, nous étions paradoxalement moins communistes ou gauchistes que certains membres de l'intelligentsia occidentale. Nous nous sentions plus libres dans nos critiques ou jugements que les sympathisants qui sont toujours culpabilisés par le discours d'intimation du Parti. Je me rappelle des positions incroyables de certains intellectuels lors de la première émission de Bernard Pivot avec Soljenitsyne, quand on adjura l'auteur de *L'Archipel du Goulag* de confirmer qu'il était contre le colonialisme. Je n'en croyais pas mes oreilles que l'on puisse conduire une campagne aussi biaisée contre un livre dont je n'aurais à l'époque pas propagé les idées, mais qui faisait déjà figure de monument, non seulement de la littérature, mais je dirais de la pensée russe.

V.F. Il est vrai que tu n'as jamais été un doctrinaire, à la différence de bien des prétendus beaux esprits de l'intelligentsia française. Tu manifestais – c'est une particularité que tu partageais avec tous les compagnons de route que j'ai connus – un remarquable goût pour l'histoire, les sources, la culture, la civilisation et les racines de la Russie. C'est cette curiosité qui m'a tout de suite frappé chez toi, Alexandre : socialiste de gauche et déjà partisan de la *perestroïka.* Cela nous a réunis par la suite, par-delà les frontières.

De mon côté, je suis né à Moscou, au sein d'une famille « métissée », de père ukrainien et de mère viscéralement russe. Mon père est mort très tôt, mais le fait qu'il ait été héros de guerre m'a permis d'intégrer le MGIMO, l'Institut de relations internationales de Moscou, comparable à l'ENA française…

A.A. Ledit Institut étant réservé – en dépit de son titre – à ceux qui ont de bonnes relations nationales… Le Parti s'est toujours refusé à former de vrais administrateurs qui auraient été une concurrence pour l'appareil. Il fallait être du sérail. Être bien né, en quelque sorte. L'Institut avait deux spécialités particulièrement prestigieuses : le savoir, bien sûr, parce qu'il offrait une liberté unique, et les relations internationales, parce qu'il n'était pas question d'envoyer représenter le pays par ces analphabètes que nous avons parfois connus après-guerre. Ce corps de diplomates de grande qualité, après avoir survécu à l'époque stalinienne, a redonné vie à une formation qui, à l'époque, était, de mon point de vue, l'une des meilleures du monde. Le diplomate moyen soviétique passé par le MGIMO en savait beaucoup plus que son équivalent américain, qui passait le concours du Foreign Service Officer pour entrer dans la carrière. Par conséquent, c'était le sommet d'une certaine formation soviétique, et pouvoir y entrer apparaissait comme un *must*...

V.F. Un club très fermé, en effet. J'ajoute que j'ai toujours marqué un vif intérêt pour la langue française et, dès l'adolescence, je ne rêvais que de devenir écrivain en France et de travailler à Paris, dans le quartier de Saint-Germain, assis à une table des *Deux Magots*... Alors que la presse étrangère était interdite, nous avions accès, au MGIMO, à toutes les informations occidentales et l'on pouvait lire les journaux français, *Le Monde*, *Le Figaro*, *L'Humanité* ou *Le Nouvel Observateur*.

Mais allais-je faire partie de la nomenklatura ? Malgré mes références familiales, telle n'était pas mon intention. Ma mère était spécialiste de la planification et mon père, le premier commandant de Katioucha, diminutif russe de Catherine, surnom de notre lance-roquettes en rafales que les Allemands, qui eurent à en souffrir, appelèrent « orgue de Staline ». Mon père a été décoré de toutes les médailles avant d'être blessé au combat. Pour autant, décidé à ne pas m'enliser dans l'élite du Parti, j'ai préféré être envoyé dans un pays complètement reculé, en Mauritanie.

A.A. Ton oncle maternel fut aussi un héros de Staline…

V.F. Oui, il comptait parmi ses préférés pour avoir bombardé Tokyo !

A.A. Ton oncle était un grand aventurier, pilote de bombardier, qui se trouvait en poste en Extrême-Orient lors des premiers affrontements entre le Japon et l'Union soviétique, en 1938. Or, n'écoutant que son courage – et sans doute aussi un peu sous l'emprise de la boisson, laquelle révèle le caractère –, il a pris son bombardier sans ordres et, survolant Tokyo, a lâché une bombe dans les jardins du palais impérial.

Il aurait tout aussi bien pu être fusillé pour insubordination, mais Staline, enchanté de l'histoire, l'a convoqué et nommé général à vingt-trois ans… Devenu commandant d'aviation, il est mort peu après, durant la guerre.

V.F. L'aventure n'est pas sans faire penser à l'époque napoléonienne. Comme l'Empereur, Staline était flamboyant. Les deux figures de mon père et de mon oncle m'ont donc considérablement aidé à entrer dans le circuit. Ensuite, comme je ne m'inscrivais pas dans le sillage, j'ai été envoyé à l'autre bout du monde, à Nouakchott, ès qualité d'attaché d'ambassade en Mauritanie. Bien qu'étant complètement coupé du monde, ce pays m'a permis de découvrir l'Occident. Entre désert et océan, on y trouvait les vestiges du passage de Saint-Exupéry et, au total, deux cents étrangers qui arpentaient les trois seules rues goudronnées !

Pour moi, c'était la liberté : j'ai connu en Mauritanie Georges Vladut, diplomate anticommuniste d'origine roumaine, aujourd'hui âgé de quatre-vingt-dix ans, qui compte parmi mes amis les plus chers et qui deviendra ambassadeur de l'Europe. J'ai rencontré aussi François Mitterrand bien avant sa présidence, et j'ai vu pour la première fois une dame *topless*, en la personne de Danièle Mitterrand. Qu'on s'imagine un peu ce que pouvait représenter pour le jeune Soviétique de vingt-deux ans que j'étais une telle permissivité…

Normalement, je n'aurais pas dû quitter le monde arabe, que j'avais intégré en 1972, mais j'ai eu la chance de servir d'interprète à un vice-ministre des Affaires étrangères venu en visite en Mauritanie. Il s'occupait des relations avec les pays arabes et tout spécialement de la préparation des négociations de Leonid Brejnev. Sachant que ce dernier souffrait d'un grave problème de surdité, je me suis appliqué à forcer ma voix et à soigner mon articulation, de sorte qu'il m'a entendu et donc remarqué. Je me suis donc retrouvé à Moscou au cœur des années 1970 comme interprète personnel de Brejnev au Kremlin. Je dois ainsi, en quelque sorte, ma carrière à la surdité de Brejnev et à ma maîtrise des langues arabe et française !

Ces deux ans au service de Brejnev, qui devenait de plus en plus amoindri, m'ont permis de connaître son entourage. J'ai ainsi pu être nommé attaché culturel à Paris en 1977. La belle vie ! Je sortais en compagnie des personnalités des arts et des lettres les plus en vue, dans les lieux mythiques de la capitale.

A.A. Tu as ensuite été chargé d'escorter le maréchal Ogarkov qui allait devenir le dernier grand patron de l'armée soviétique. Ce qui t'a valu de l'accompagner à Tripoli, où tu lui as servi d'interprète lors de ses conversations avec Kadhafi.

V.F. Il s'agissait de négociations décisives sur le rapprochement militaire, que les services spéciaux français n'ignoraient pas. Alors, ils ont supposé que mon affectation à l'ambassade n'était qu'une couverture. Mon rattachement au pouvoir central les induisait à penser que je me trouvais en France pour traiter d'affaires sensibles, particulièrement les négociations avec le monde arabe et le terrorisme.

A.A. Il faut se rappeler qu'à l'époque Valéry Giscard d'Estaing voulait renverser Kadhafi ; il y était presque parvenu avec le général Alain de Marolles qui a successivement commandé les services « action » puis « recherche » du SDECE. La déduction des agents français obéissait donc à une certaine logique, mais elle ne tenait pas compte du fait que l'Union soviétique entrait dans une période de décadence où le bon plaisir primait sur le reste.

V.F. Les Français ne savaient pas que j'étais trop proche du secrétaire général du Parti pour appartenir aux services secrets. Leonid Brejnev était le chef suprême. À ce titre, il ne pouvait avoir dans son entourage des officiers du KGB qui devaient nécessairement répondre à leur hiérarchie. C'est une question pratique, mais aussi déontologique. Le seul à pouvoir avoir accès à Brejnev était le patron du KGB, Iouri Andropov : jamais on n'aurait laissé un jeune lieutenant, capitaine ou major, travailler au Kremlin et aller le soir raconter sa journée au quartier général de la Loubianka. Cela étant, l'aura de Brejnev déclinait. J'allais être mis sur la touche par le KGB, mais seulement après la mort de Brejnev, en novembre 1982. En attendant, je naviguais entre les diverses factions qui se partageaient le pouvoir en Union soviétique.

A.A. Après la période stalinienne où tout le monde devait être le doigt sur la couture du pantalon, les choses s'étaient en effet beaucoup relâchées. Bien sûr, le système dictatorial perdurait, mais il était différent, avec un pouvoir divisé entre grands barons ayant chacun leur clientèle, leur région – voire leur ministère d'influence –, laquelle était déterminante. Et tout fonctionnait au piston.

L'ambassade soviétique à Paris était colossale: c'était pratiquement la plus importante d'Occident, Pompidou ayant accordé à Brejnev le droit de construire ce bunker éléphantesque, hyperprotégé, hérissé de multiples radars et antennes, très onéreux pour la DST qui a loué durant des années des appartements du boulevard Lannes pour le surveiller et le photographier. Le marché immobilier du quartier s'est d'ailleurs nettement détendu après la chute de l'Union soviétique.

Reste que ce bâtiment était le centre de pouvoirs eux-mêmes rattachés à Moscou, abritant à la fois le KGB qui prenait ses ordres chez Andropov, la diplomatie qui était dans la main d'Andreï Gromyko, et le Parti, avec l'ambassadeur Stepan Tchervonenko, qui fut en poste à Pékin avant de l'être à Paris, l'homme qui n'avait pas livré la bombe atomique aux Chinois, l'homme de confiance de Brejnev pour avoir accompli (sans doute contre son gré) la « normalisation » à Prague…

Les protégés des uns ou des autres étaient donc nombreux, sans parler des sous-systèmes, comme les affaires culturelles. De sorte que, dans une telle organisation, il n'y avait pas d'unité militaire, et l'ambassade apparaissait comme un microcosme de la société soviétique avec ses contradictions, ses oppositions, ses différences idéologiques qui étaient déjà fortes entre les individus.

V.F. Le seul fait d'accompagner les membres de la famille Brejnev me rendait intouchable. Le Bureau politique présent à Paris s'apparentait à une cour avec ses princes et ses princesses. Cette position a été très importante dans mon histoire, de même que la francophilie russe et le prestige mythique de Paris.

A.A. L'Occident exerçait une fascination générale, mais Londres avait la réputation d'être triste et de faire la chasse aux diplomates soviétiques, l'Amérique était naturellement attirante mais trop lointaine, de sorte que Paris apparaissait comme la capitale idéale pour les Russes ayant un peu de culture. C'est d'ailleurs à cette époque qu'est sorti un film relativement audacieux pour l'Union soviétique : *Je demande la parole*, dans lequel le mari de l'héroïne s'exclame : « Tu te rends compte ? À Paris, il y a jusqu'à cinq cents restaurants avec des menus différents… » C'était l'Eldorado ! Aujourd'hui encore, 80 % des Russes considèrent la France comme le meilleur pays du monde. Cet attrait est ancré de longue date dans les croyances populaires : les cochers russes devenus chauffeurs de taxi parisiens avant 1914 ont d'ailleurs inventé la formule « la tournée des grands-ducs », en référence aux grands-ducs qui venaient s'encanailler à Paris où ils buvaient comme des trous et dépensaient sans compter…

V.F. À l'époque, un organisme proche du PCF répondant au nom d'ALAP (Agence littéraire et artistique de Paris) gérait toutes les tournées soviétiques du Cirque de Moscou au Bolchoï. En relation notamment avec cette structure, j'ai eu la chance de connaître le Tout-Paris. Et comme l'intelligentsia française était communisante, j'avais mes entrées partout, chez Chagall, Dali, Aragon… Pour sortir, à qui s'adressaient les membres du Bureau ou leurs connaissances ? À moi !

On aurait pu voir en moi un propagandiste du régime soviétique, mais ce n'était même pas le cas. J'occupais en vérité un poste unique. Cette ambiguïté tenait au fait que le stalinisme qui s'exerçait encore s'était considérablement ramolli. Il était critiqué par beaucoup de Russes, lesquels, aussi longtemps qu'ils ne bougeaient pas, n'avaient pas de problèmes.

A.A. D'où le vieux slogan de Kádár, inventé en réalité par Andropov : « Qui n'est pas notre ennemi est notre ami ! » L'URSS, encore profondément marquée par le traumatisme des répressions, sans parler des dommages de la guerre, avait besoin de récupérer, de souffler. Le pouvoir politique en était bien conscient – c'est là où je ferai l'éloge mesuré de Brejnev – et ne cherchait donc pas la bagarre.

Cela étant, comme la période était marquée par une effervescence des dissidents, il fallait les intimider. Andropov a donc fait passer l'idée qu'un billet d'avion aller simple était la meilleure solution pour beaucoup. C'est l'option que choisirent Soljenitsyne à son corps défendant et tant d'autres plus volontairement, ainsi que les juifs. Cela a été pour ces derniers un grand mouvement d'exode, mais on ne s'est pas réellement opposé à leur départ, ce qui a d'ailleurs été à terme une tragédie pour le pays.

V.F. Oui car, ce faisant, l'URSS s'est séparée de son élite.

A.A. Il est certain que cette période a été marquée par un totalitarisme mou, très laxiste. Les gens un tant soit peu habiles connaissaient alors les codes, savaient comment en user et où se situait la ligne à ne pas franchir. Dans ces limites, on pouvait dire et lire beaucoup de choses. Ainsi, Mikhaïl Gorbatchev a avoué avoir lu Soljenitsyne quand il était simple secrétaire régional à Stavropol, alors que sous

Khrouchtchev la lecture de Pasternak vous attirait de graves ennuis.

Parallèlement, le pays a connu un essor culturel sans précédent : jamais le cinéma soviétique n'a été aussi créatif, avec l'un des plus grands cinéastes de tous les temps, Andreï Tarkovski, dont les films, s'ils ont été un peu censurés dans leur diffusion, ont été réalisés à grands frais : il suffit pour s'en convaincre de revoir, par exemple, *Andreï Roublev*. De même, on a vu fleurir une littérature très critique, comme celle de Youri Trifonov, icône de l'intelligentsia libérale, et d'un certain nombre d'écrivains, comme Vassili Axionov par exemple, qui abordaient assez franchement les problèmes mais qui, aujourd'hui, ne sont plus lus.

V.F. À tort, parce que ce sont de très grands écrivains. Des poètes comme Voznessenski ou Evtouchenko ont joué un grand rôle dans la déstalinisation, mais aussi Boulat Okoudjava, né en 1924, fils d'un Géorgien et d'une Arménienne, immense poète, chanteur à ses heures, ce qui l'a fait connaître du grand public. On le surnommait « le Brassens soviétique ». Son œuvre étant d'un anticonformisme total, on ne trouvait bien évidemment aucun de ses disques, mais les enregistrements sur cassette circulaient sous le manteau.

A.A. Ses disques étaient édités et vendus en France par Le Chant du Monde.

V.F. Justement ! Nous avions à l'ambassade un conseiller pour la propagande qui, de sa propre initiative – à moins qu'il n'ait été légèrement influencé par le KGB –, avait envoyé un télégramme à Moscou pour accuser Okoudjava d'animer le réseau antisoviétique à Paris. Ce dernier aurait pu se retrouver derrière les barreaux pour des années à cause de cela…

Ce fut pour moi un moment décisif. Je fis valoir auprès de notre ambassadeur qu'Okoudjava était non seulement un grand poète, mais aussi le chanteur préféré de la petite-fille de Brejnev. L'ambassadeur me demanda de lui faire écouter ses chansons dont l'une, écrite à la gloire des vétérans de la guerre, proclamait qu'ils n'avaient besoin que d'une chose: la victoire. Œuvre plutôt nostalgique et patriotique que l'ambassadeur apprécia hautement. Les autres titres exploitaient la veine sentimentale, et comme notre homme n'était pas insensible aux charmes féminins, il rappela le télégramme de dénonciation.

Les coups fourrés de ce genre pouvaient survenir à n'importe quel moment et obligeaient à rester constamment sur le qui-vive. Le réseau de résistance fonctionnait! Parodiant le nom de l'Intelligence Service, les Russes le surnommaient l'« intelligentsia service ». Ainsi, quand le grand pianiste Mikhaïl Rudy a prévenu qu'il demanderait l'asile politique lors de sa première tournée en France, une cinquantaine de personnes étaient au courant, et aucune ne l'a trahi, alors que les traîtres ne manquaient pas.

Mais le temps passe. En mars 1982, Brejnev est victime d'une crise cardiaque. En novembre, il meurt. De retour au pays, je connais alors des jours difficiles…

A.A. Iouri Andropov prend officiellement les rênes de l'URSS avec une nouvelle équipe pour seulement quinze mois puisqu'il meurt en février 1984. Il y a certes encore un pouvoir central, mais des révoltes d'insubordination éclatent de tous côtés. Comme Andropov veut régler ses comptes et tenir le pays, il s'appuie sur la hiérarchie du KGB, laquelle, par définition, n'aime pas les personnalités trop indépendantes comme toi, Vladimir. C'est là que tu as traversé quelques mois, sinon de relative disgrâce, à tout le moins de difficultés d'autant plus grandes qu'Andropov qui, n'ayant rien de particulier à te reprocher, procède pour arriver à ses fins à l'élimination de tout le système Brejnev dont tu fais partie, bien qu'à un niveau non décisionnel.

Cette période de grande incertitude débouchera sur la succession de Konstantin Tchernenko qui mourra en mars 1985 et, enfin, sur l'avènement de Gorbatchev qui te ramènera à Paris, après deux ans d'exil à Moscou. Époque passionnante durant laquelle j'ai beaucoup écrit pour le journal *Libération*, convaincu que je détenais déjà les clés et que j'avais accompli des progrès notables dans l'analyse de la situation... À ton retour en France, nous nous sommes rencontrés. Nous sommes exactement contemporains, nés tous les deux en 1950. Nous faisons donc partie des bébés de l'optimisme d'après-guerre !

V.F. Il était nécessaire, cet optimisme : je suis né à Moscou sous Staline, et toi, du côté maternel, tu es issu d'une famille juive allemande dévastée par la Shoah. On pense à tort que tu as des origines roumaines par ta famille paternelle...

A.A. De fait, il n'y en a pas : la confusion est due aux malheurs des temps. Ma famille paternelle est lointainement originaire du ghetto de Francfort où mon aïeul était un rabbin connu. Alors qu'il avait fini par lasser sa communauté, on lui proposa de devenir le rabbin d'une petite ville au milieu du pays tchèque, à la frontière de la Bohême et de la Moravie. C'est là que ma famille vécut tout au long du XIXe siècle. Mon grand-père y est né. Ayant suivi des études de comptabilité, il est entré dans une société universellement connue des amateurs de littérature : les Assurances générales, qui employaient Kafka. C'est là qu'il a rencontré ma grand-mère qui, elle, était hongroise. Pour plaire à sa femme qui souhaitait regagner son pays, il a accepté un poste dans la ville de Szeged. Mon père est donc né en 1908 en Bohême. Sa première langue était l'allemand, il parlait un peu le tchèque ; il est arrivé en Hongrie à l'âge de sept ans environ.

Quand éclate la guerre de 1914, mon grand-père est mobilisé et ma grand-mère, qui a des biens dans sa ville d'origine, s'installe dans la maison familiale en attendant le retour de mon père, blessé au combat, et la fin des hostilités. Jusque-là tout est simple, si ce n'est que les limites tracées par Georges Clemenceau ont complexifié les frontières, de sorte que la petite ville où réside ma famille s'appelle Nagyvarad en hongrois, Grosswardein en allemand et Oradea en roumain ! Selon les idées patriotes de ma grand-mère, cette ville tomba du mauvais côté en devenant roumaine. Mais tous ceux qui refusaient le passeport roumain, et ils étaient nombreux, se trouvaient expulsés, contrairement aux engagements pris, de sorte que mes malheureux grands-parents, pleurant de rage, durent se résigner à prendre la citoyenneté roumaine, sans jamais parler un seul mot de roumain. Avec le temps, ils ont mesuré qu'il eût été pire de revenir à la Hongrie puisque durant la Seconde Guerre mondiale, les juifs hongrois ont systématiquement été déportés, tandis que les juifs roumains, certes ont souffert, mais n'ont pas été systématiquement éradiqués.

Mon père, dont la famille parlait allemand à la maison, s'est mis au roumain en un an pour passer le bac en 1923. Cela a été pour lui une bénédiction car Robert de Flers, attaché culturel à Bucarest en 1918 (où il remplaçait le ministre de France, le comte de Saint-Aulaire), avait élaboré avec le ministre de l'Instruction publique de l'époque une disposition tout à fait originale selon laquelle les sujets du baccalauréat roumain devaient venir de France. Cette mesure rendait éligibles tous les jeunes juifs roumains à poursuivre leurs études en France. C'est d'ailleurs ce qui a provoqué la fameuse manifestation où l'on a vu François Mitterrand et les syndicats étudiants contrôlés par l'Action française protester en 1935 contre l'« invasion des métèques ». Le bac en poche, mon père s'est établi à Paris à l'âge de vingt-cinq ans et s'est s'inscrit à la Sorbonne, après avoir suivi ses études à Brno et fait un passage à Berlin.

V.F. Ton père te parlait beaucoup de la guerre d'Espagne…

A.A. En fait, je suis tombé dans l'histoire communiste, dont je pensais qu'elle me touchait de beaucoup moins près, par le double truchement de mon père, qui participa effectivement activement à la guerre d'Espagne, et de son cousin roumain Valter Roman, membre des Brigades internationales, héros du communisme. Ma mère étant, quant à elle, issue de la bourgeoisie juive allemande, j'ai ainsi hérité une double culture, centre-européenne et de gauche, allemande et plus à droite.

En 1969, j'adhérai aux Jeunesses communistes. C'est dans l'enthousiasme que j'avais pris cette décision qui, pourtant, assez curieusement, ne correspondait pas à mes idées. J'ai d'ailleurs toujours été un oppositionnel discret cherchant à faire bouger les choses. Car au fond, j'étais social-démocrate depuis l'âge de quinze ans : j'avais d'abord adhéré à la SFIO et soutenu la candidature de Mitterrand bien qu'ayant jugé les socialistes assez lamentables et désordonnés en 1968… Je peux avouer n'avoir été vraiment heureux qu'avec les communistes italiens, lorsque je passai un an à Rome, puis en étant le disciple d'Althusser, à qui je vouais une grande admiration, bien qu'il fût déjà fou, pour son esprit original et bien évidemment contestataire.

À partir de 1978, le secrétaire général du PCF, Georges Marchais, commença à opérer le « grand tournant » avec le soutien aux Soviétiques en Afghanistan et la remise en ordre de toutes les institutions intellectuelles. Il s'agissait d'une épuration en douceur, réalisée par petits paquets, mais qui s'est soldée par l'éviction ou le départ d'une bonne moitié du Parti. Disons que j'ai pris place, non pas dans le premier, mais dans le deuxième wagon. Je savais que, bien qu'étant discipliné, dans la mesure où j'exprimerais des divergences, il était inutile de rester.

C'est peu après que cette culture complexe qui est la mienne a trouvé à s'épanouir, quand j'ai commencé à écrire sur l'Union soviétique qui me fascinait et sur le mouvement communiste que je connaissais bien, avec un mélange d'ironie, de scepticisme et de fidélité sous-jacente. Nourrissant une détestation profonde pour les dirigeants de l'URSS, j'en parlais d'une manière qui n'était pas précisément celle d'un dévot.

Quand vint Gorbatchev, tout changea. Tu étais particulièrement audacieux, Vladimir, mais même les autres officiels soviétiques se montraient beaucoup plus ouverts et commençaient à parler : c'était une période bénie qui a duré deux ou trois ans pour se terminer, ce qui est moins gai, dans la *catastroïka*.

Mais déjà avant cela, j'avais compris qu'une grande aventure se terminait, qui n'aurait pas de suite. Un jour, de retour de Bucarest – c'était quelques années avant la chute du mur de Berlin –, je me suis demandé en songeant à Valter Roman qui, pour appartenir à une génération de communistes ayant accompli de hauts faits, y croyait encore, comment les choses allaient finir avec la génération suivante. Dans des pays comme la Roumanie qui, parce qu'elle ne comptait qu'à peine une dizaine de milliers de militants en 1945, avait ensuite recruté des opportunistes de toute nature, les populations n'avaient pas plus la foi que cela ! Qu'allaient devenir tous ces gens ? Et je me suis pris à penser que le système allait se rompre sur un changement de génération. C'était un flash, une intuition que je n'ai pas développée par la suite, mais alors que certains, dont Jean-François Revel, parlaient beaucoup de la fin des démocraties et du risque de voir la puissante Russie s'abattre sur l'Occident, mon point de vue était bien différent : je voyais les Russes comme un peuple glorieux mais faible, rattrapé par l'après-guerre – faute d'avoir réussi à le gagner, comme le raconte Alexandre Tvardovski dans les aventures du simple soldat Vassili Terkine de retour « dans l'autre monde », celui de la Russie dépressive de la paix retrouvée mais entièrement manquée...

Malgré ses considérables potentialités, notamment créatives, la Russie fut opprimée durant les interminables années où Staline resta au pouvoir, puis ridiculisée par Khrouchtchev, pour terminer avec ce brave Brejnev que je préfère finalement aux deux autres mais qui, pour pouvoir gouverner en paix, a joué la carte de l'immobilisme. Cette période ayant été ratée, les nouvelles générations, y compris celles qui pendant leur jeunesse avaient été convaincues que le communisme était un idéal nécessaire même quand il assumait des formes brutales, se sentaient désabusées.

V.F. Pour ma part, et à ta différence, Alexandre, j'appartiens à une génération qui n'a jamais cru au communisme. Je le voyais comme un paravent. Après y avoir cru, tu as évolué en t'attachant inlassablement à comprendre, ce qui explique que tu aies été l'un des rares à ne pas avoir été manipulé dans le milieu des soviétologues.

A.A. Devenu soviétologue à *Libération*, j'ai refusé de me satisfaire de la glose du moment. Je portais sur l'Union soviétique un regard à la fois apitoyé et juste. Sans jamais la défendre, je m'attachais à montrer que la société russe possédait une vraie densité, qu'elle n'avait pas fait que du mal, mais que son état nécessitait un choc électrique. J'ai alors compris – c'est ce qui a fait ma notoriété – qu'Andropov, bien que KGBiste, en était lui aussi persuadé ; à l'instar, pour la Chine, de Deng Xiaoping, que j'ai farouchement admiré, dès qu'il eut exprimé beaucoup plus clairement son programme.

V.F. Ta connaissance de la culture russe t'a sans aucun doute aiguillonné. C'est sur cette base que, dès le départ, nous avons accordé nos voix. Avec cette différence de taille que je n'ai, quant à moi, pas un seul moment été dupe.

Chapitre II
Le paroxysme : Lénine, Trotski et Staline

Vladimir Fédorovski : Pour moi, le Siècle rouge n'a pas commencé avec Marx, mais avec un phénomène éminemment russe : l'ascension de Lénine, qui n'a pas beaucoup à voir avec le marxisme, mais qui se rattache plutôt à une forme de révolte anarchiste russe qu'incarnaient Netchaïev ou Bakounine dans une mouvance purement nihiliste.

Le phénomène léniniste était messianique. Vladimir Ilitch Oulianov, qui sera connu sous le nom de Lénine, a cru qu'il était investi d'une sorte de mission consistant, quel qu'en soit le prix à payer, à rendre les gens heureux. Il avait d'ailleurs coutume de dire que la fin justifie les moyens. Il y avait chez lui un dérangement psychologique : était-il d'ordre traumatique ou physiologique ? C'est toute la question. L'un des éléments objectifs de ce traumatisme viendrait de la mort de son frère aîné Alexandre qui a été pendu alors qu'il pouvait être gracié.

Alexandre Adler : C'était au début du règne d'Alexandre III. Succédant à son père assassiné en 1881 par un groupe de nihilistes, le nouveau souverain exerça d'emblée un pouvoir plus abrupt. Le 1er mai 1887, le jeune Alexandre Oulianov fut arrêté, puis pendu le 11 mai sur l'échafaud dressé dans la cour de la forteresse de Schlüsselburg à

Saint-Pétersbourg, pour avoir participé à une tentative d'assassinat contre le tsar. Il avait tout juste vingt et un ans.

Vladimir Ilitch, alors âgé de dix-sept ans, a vécu cette mort comme une tragédie personnelle, d'autant que son père, Ilia Nikolaïevitch Oulianov, homme remarquable ayant accédé à la noblesse personnelle dans la haute fonction publique puisqu'il était dans sa province l'équivalent d'un inspecteur d'académie, était décédé quelques mois plus tôt d'un accident cérébral vasculaire, qui faisait suite à une disgrâce politique.

Lénine, se retrouvant seul, a dû travailler tôt pour assumer la charge de sa mère et de ses trois cadets et, surtout, pour assouvir une vendetta personnelle dans le « combat des Oulianov contre les Romanov ». Les choses pourraient s'exprimer de la façon la plus simple en ces termes : ils ont pendu mon frère, je vais les pendre !

Naturellement, comme c'était un homme extraordinairement intelligent et cultivé, il est parvenu à élaborer derrière ce noyau névrotique tout un système qui venait en écho de ce que pensaient de nombreux jeunes intellectuels russes. Mais il y avait chez lui ce très fort désir de vengeance que conforte le télégramme trouvé dans les archives par l'historien Edvard Radzinsky, spécialiste de la Russie tsariste, dans lequel, à peine la famille impériale incarcérée à Ekaterinbourg, Lénine recommande : « Tuez-les tous ! »

V.F. Pendant des années, Trotski et Lénine ont nié avoir pris cette décision.

A.A. Effectivement, si bien qu'on l'a attribuée aux tchékistes locaux, pris de panique à l'annonce de l'imminente arrivée de l'Armée blanche. Comme ils avaient à leur tête un juif répondant au nom de Iourovski, quand l'antisémitisme s'est généralisé, dans les années soixante, on lui a imputé la responsabilité du massacre de la famille impériale. Jusqu'à ce que Radzinsky, en commençant pendant la *glasnost* à fouiller dans les documents d'archives jusqu'alors protégés, tombe sur ce télégramme et le publie.

Désormais, on sait de façon certaine que c'est Lénine en personne qui a dirigé les opérations. Peut-être aurait-il été moins vite si l'Armée blanche ne s'était pas dirigée vers Ekaterinbourg en 1918. Mais il n'empêche que c'était bien son idée. En quelque sorte, en chef barbare qu'il était, il a eu là ce dont il avait toujours rêvé.

Il est d'ailleurs intéressant de noter que c'est à partir de cet événement que s'amorce sa chute personnelle. Petit à petit, il se modère, se critique et, dans une période dramatique, invente en 1921 – il mourra en janvier 1924 – la « nouvelle politique économique » (NEP) qui constitue une réelle ouverture, tentant ainsi de combattre certains mécanismes autoritaires, tel un Faust voulant mettre fin au mécanisme infernal qu'il a mis en place. Ses efforts sont vains et il en viendra à la toute fin de sa vie à se fâcher avec Staline, mais trop tard !

À ce sujet me revient en mémoire cette anecdote qui s'est déroulée alors qu'il se mourait naturellement de syphilis – et non pas, comme on a tenté de le faire croire, des suites de l'attentat qu'il avait subi, la syphilis étant un secret de polichinelle dont tout le monde ricanait déjà dans l'URSS des années soixante. Il se trouvait donc dans la dernière phase de la maladie, lorsqu'un soir il se réveille, et dit à ses infirmières : « Oui, Ioulik ! » Il croyait s'adresser à son meilleur ami Julius Martov qui, resté menchevik, avait fini par s'exiler à Berlin. Que ce soit à cet homme qu'il aurait voulu parler peu avant de mourir signifie non pas qu'il soit redevenu social-démocrate, mais qu'à partir de ce meurtre de la famille impériale qu'il avait assumé les choses avaient changé dans sa tête, comme si sa forte tension destructrice avait trouvé à se réaliser, et peut-être à s'atténuer.

V.F. Contrairement à toi, mon cher Alexandre, j'estime que Lénine n'a pas un seul instant regretté ses actes. Affirmer que Lénine, Trotski et Staline ont eu une divergence de fond quant aux méthodes est à mon sens une erreur. Ils sont tous les trois tombés d'accord sur le fait que la fin justifiait les moyens, et sur ce qu'ils appelaient le « *social engineering* », c'est-à-dire la terreur à outrance, dirigée contre l'opposition.

A.A. D'accord pour ce qui concerne les années 1917-1919, c'est-à-dire toute la période de la guerre civile et de la révolution : il n'y a eu alors aucune différence entre les trois. En revanche, à partir de la fin de la guerre civile, avec toutes les responsabilités qui leur incombent, une différenciation s'établit entre Lénine d'un côté, Trotski et Staline de l'autre, qui ne se livrent à aucune analyse critique : Trotski exaltera toujours la terreur révolutionnaire et l'assumera comme si elle avait été la véritable accoucheuse du futur. Staline non seulement l'approuvera, bien sûr avec son côté chattemite, mais la développera comme jamais, considérant qu'elle est le seul moyen de diriger un peuple russe auquel il restera assez étranger toute sa vie. Il reste que, contrairement à eux, Lénine sera à la fin de sa vie travaillé par le doute, l'incertitude, et troublé non seulement par la maladie, mais aussi, même s'il est fier de la révolution d'Octobre, par l'ampleur du bouleversement nihiliste qu'elle a mis en branle.

C'est la raison pour laquelle le vrai fils spirituel de Lénine dans cette affaire sera Nikolaï Boukharine – « l'enfant chéri du Parti », comme le dénommait mon père –, qui va commencer à critiquer plus sérieusement, bien que pendant longtemps de façon velléitaire et un peu timorée, tout ce qui a été fait par les bolcheviks. Grand théoricien en matière économique, remarquable professeur mais piètre politicien, il fut l'un des principaux accusés des procès de Moscou, condamné à mort, exécuté en 1938, réhabilité seulement sous Gorbatchev en 1988. Boukharine est le représentant emblématique de toute cette mouvance dont Staline a assuré la liquidation durant les purges.

V.F. En vérité, nous touchons ici à un problème de fond, car bon nombre de sociaux-démocrates persistent à penser qu'il y avait un bon Lénine, un mauvais Trotski, et le diable, qui n'était autre que Staline. Franchement, je ne suis pas d'accord avec cette version: j'estime que Lénine a marqué un recul avec la NPE parce qu'il fallait absolument sortir la Russie de l'épouvantable famine qui la frappait, mais ce n'était pour lui qu'une étape obligée pour mieux revenir ensuite aux nationalisations et à la collectivisation qu'il avait toujours appelées de ses vœux.

Un point intéressant mérite que l'on s'y arrête: les bolcheviks, au départ, étaient peu nombreux. Il s'agissait souvent de Russes immigrés en Suisse, en France ou en Angleterre, et, pour le reste, de sympathisants, parfois des adolescents. Viatcheslav Molotov, futur bras droit de Staline, en est un exemple puisqu'il a adhéré à seize ans alors qu'il était encore lycéen. Ce n'est qu'après la révolution d'Octobre que les gens ont adhéré massivement à ces idées. Le noyau dur des origines comptait disons mille personnes en Russie et mille à l'extérieur; or il a réussi à bousiller complètement le pays, il l'a conduit à se suicider en faisant vingt-cinq millions de morts, sans même épargner les nouveau-nés, eux aussi envoyés au goulag – comme l'a prouvé d'une manière incontestable Alexandre Yakovlev, l'idéologue de la *perestroïka*...

Lénine, Trotski, et plus tard Staline, ont été partisans de la terreur à outrance. Au moindre relâchement, ils recommandaient de liquider physiquement le plus de monde possible. C'est écrit de leur propre main. En matière de regrets, le seul que l'on puisse concéder à Lénine est de s'être reproché d'avoir poussé Staline en première ligne, car il ne lui pardonnait pas de se comporter comme un goujat avec sa maîtresse et plus encore avec sa femme. Lénine lui-même allait subir semblable traitement. À la fin de sa vie, alors qu'il était confiné dans sa chambre par la maladie, Staline prit le contrôle politique du pays, en l'arrêtant quasiment à domicile.

A.A. Oui. Trotski et Staline sont d'ailleurs tombés d'accord pour enterrer le testament de Lénine, empêchant sa publication en raison d'appréciations extrêmement sévères qu'il portait sur eux deux. Ils se sont purement et simplement assis dessus.

V.F. Je préciserai que par ce testament établi sous forme de trois notes, Lénine voulait chasser Staline du pouvoir et avantager Trotski qu'il considérait, malgré ses tendances autoritaires, comme le plus brillant des deux. Il a émis le regret d'avoir poussé en 1922 celui qu'il qualifiait, je le cite, de « merveilleux Géorgien » au poste de secrétaire général du Parti.

Qu'en conclure ? Les historiens ont voulu voir dans ce revirement final une subtile construction politique, avec un Lénine en proie au regret, un Trotski certes terroriste mais superbe intellectuel, et le diable absolu en la personne de Staline. C'est, à mon sens, un point de vue controuvé : tous les trois étaient d'accord pour tuer et pour instrumentaliser la violence au service de leur politique.

Le point sur lequel nous convergeons toi et moi, Alexandre, est qu'aucun d'entre eux n'avait prévu l'assassinat de Raspoutine, ni la révolution de février 1917 menée par Alexandre Kerenski, ni l'abdication du tsar un mois plus tard. Si bien que Lénine écrivait encore, à Zurich, en janvier 1917 : « Notre génération ne verra jamais la révolution. Je mourrai en exil. »

Chacun d'eux avait cependant de solides raisons de rejoindre le parti bolchevik : Lénine pour venger la mort de son frère, Trotski pour lutter contre la persécution des juifs et Staline, en tant que Géorgien, pour des motifs politiques et nationaux. De plus, comme tous les jeunes, ils ne supportaient plus l'autoritarisme de la génération précédente.

Il faut savoir que le mouvement bolchevik était soutenu et financé notamment, depuis Paris et Genève, par des industriels russes fortunés et versés dans les arts, masochistes mus par une sorte de culpabilité de nantis. Les bolcheviks n'avaient alors que d'assez vagues idées politiques, aucun programme économique sérieux, si ce n'est d'en finir avec le tsarisme. Leur prise de pouvoir s'est opérée de manière extraordinaire. Pour employer des termes contemporains, je dirai que le contexte médiatique dominé par Léon Tolstoï l'avait préparée. Beaucoup de rédactions étaient acquises à leur cause. À cela s'est ajoutée la combinaison de deux génies : le génie stratégique de Lénine et le génie organisateur et oratoire de Trotski. Sans oublier non plus l'argent de l'Allemagne.

A.A. L'une des plus grandes tragédies de l'époque est que les Allemands épousaient deux analyses, et avaient donc en permanence deux fers au feu. Les uns, en l'occurrence plutôt les diplomates conservateurs, pensaient que la Russie, ayant essuyé des coups beaucoup plus terribles que la France et l'Angleterre depuis 1914, était prête à quitter la guerre et qu'en conséquence il fallait favoriser un complot au sein de la cour de Russie pour y susciter des gens qui auraient cherché une paix séparée. Dans ce dessein, cette tendance de la diplomatie allemande misait beaucoup sur Raspoutine : celui-ci s'était notoirement opposé à la guerre de 1914, avait averti le tsar qu'il risquait sa vie et son trône en s'engageant dans ce conflit et essayait de le convaincre, *via* son entourage proche, de déposer les armes. Je pense même que Raspoutine percevait de l'argent de l'Allemagne pour cela.

V.F. Il n'y a aucune preuve qu'il ait perçu de l'argent allemand…

A.A. En tout cas, les autres ont clairement été payés. Notamment un extraordinaire homme de l'ombre qui n'a pas eu la notoriété qu'il méritait : un juif russe, Israel Lazarevich Gelfand, signant sous le pseudonyme de Parvus – qui signifie « petit », « humble », en latin –, qui possédait une parfaite maîtrise des cultures russe et allemande, et qui avait finalement opté pour la social-démocratie de Berlin et son alliance avec le Kaiser. Parallèlement, il avait fait fortune en tant qu'industriel grâce à la Turquie dont il avait financé la révolution jeune-turque.

Or Gelfand considérait que c'était de l'union de la social-démocratie allemande et du socialisme révolutionnaire russe que naîtrait le socialisme. Il avait donc travaillé avec les services secrets du Kaiser et vendu l'idée de racheter les révolutionnaires russes. C'est ainsi qu'après lui avoir envoyé des émissaires il rencontra finalement Lénine à Zurich…

V.F. C'est une longue histoire. Alexandre Parvus – c'est son pseudonyme complet – est repéré par les Allemands en

Turquie. L'ambassadeur allemand en Turquie le met en contact avec le Kaiser et il rencontre Lénine à Zurich. Il est doublement suivi, par les agents français mais, surtout, par la police secrète de l'empire russe, l'Okhrana, qui surveille de près Lénine. On trouve des traces de ces faits dans les archives du Quai d'Orsay. Tout y est conservé, y compris le détail des sommes transférées et les noms des intermédiaires. Parmi eux, le Polonais Yakov Hanetski, devenu par la suite commissaire adjoint aux Affaires étrangères du gouvernement de Lénine.

A.A. Une des grandes tragédies de la Russie a été l'assassinat de Raspoutine en décembre 1916 par le prince Youssoupoff et ses amis, les Allemands perdant ainsi celui qu'il considérait comme leur plus intéressant interlocuteur. Ce crime fut perpétré pour de bonnes raisons. Youssoupoff et ses complices étant des patriotes russes francophiles, on peut penser que les ambassades de France et d'Angleterre ont eu la main dans cette liquidation… Il reste que, Raspoutine mort, les Allemands se reportent sur Parvus et Lénine qui, du même coup, reçoit de l'argent, ainsi qu'un train « plombé » pour traverser les territoires occupés par l'Allemagne jusqu'à la Suède.

V.F. Les fonds de l'Empire allemand vont financer nombre d'articles de presse, notamment dans la *Pravda*.

A.A. Les services de renseignement français accréditent dès cette époque dans tous les journaux français le fait que Lénine est un agent allemand. C'était vrai, mais, finalement, assez peu intéressant car s'il avait bien pris cet argent, il n'avait nullement l'intention de servir les intérêts de l'Allemagne.

V.F. L'idée que Lénine travaillait pour les Allemands était naïve car, en réalité, c'étaient les Allemands qui travaillaient pour Lénine.

A.A. C'est un fait incontestable mais qui reste tabou, notamment en France. Quand j'ai rappelé dans mes écrits le rôle de Parvus, le regretté Pierre Broué, historien du mouvement communiste et trotskiste, extrêmement sincère et sympathique, était horrifié ! Boris Souvarine, autre historien né en Russie mais vivant en France, qui a tiré son pseudonyme du nom de l'anarchiste de *Germinal* de Zola, a nié quant à lui jusqu'à la fin de sa vie cette affaire du train blindé, alors que tout l'accrédite, notamment les archives de Parvus.

V.F. Le problème de cette période est que l'on se heurte à un décalage entre l'incontestable vérité des archives et l'interprétation historique, au point que l'histoire de ce siècle se trouve quasi réinventée. Du communisme comme source de passion et, donc, de légendes.

Un autre mythe consiste à dire que la Russie était un pays à part, coupé de l'Occident, alors que le début du XXe siècle fut pour elle une faramineuse période de développement. En 1912, à la veille de la Première Guerre mondiale, le taux de croissance de son industrie dépassait celui des États-Unis, les chiffres sont formels. Sur le plan culturel, après Tolstoï, Tchekhov, Tchaïkovski était venue l'époque des Ballets russes créés par Serge de Diaghilev, avec les meilleurs éléments du théâtre Mariinsky de Saint-Pétersbourg, l'époque d'Igor Stravinsky, et en peinture de Kandinsky et Chagall. Non seulement culturellement, mais aussi industriellement, le pays faisait partie de l'Europe. Alors que la révolution reste trop souvent présentée comme un progrès significatif, elle a en réalité marqué une régression. Survenue à l'improviste, elle a emporté l'adhésion des foules.

Pourquoi ? Parce qu'au début Lénine a gagné à sa cause les ouvriers et les paysans en avançant une stratégie efficace, illustrée par des propos messianiques tels que les slogans « La terre aux paysans » ou « La paix aux peuples » !

A.A. L'idée que cette grande Russie paysanne était le grand vainqueur social de la révolution a aussi entraîné une incroyable ponction des élites : tout le monde se souvient à Paris du grand nombre de Russes érudits reconvertis en chauffeurs de taxi : 80 % des ingénieurs et deux tiers des médecins ont déserté le pays en 1920, de sorte que la Russie s'est trouvée privée de sa fine fleur moderniste, laquelle a d'ailleurs essaimé dans l'immigration à travers des personnalités comme le philosophe et subtil négociateur Alexandre Kojève ou encore Alexandre Koyré qui a refondé toute la philosophie des sciences en France.

V.F. Ils ont été poussés à partir.

A.A. Oui ! « Qu'ils s'en aillent, ces salauds ! » disait Lénine. Pour cette intelligentsia attachée à son pays, l'exil s'est très mal passé. À l'exception des juifs qui ont réussi à refaire leur existence, notamment aux États-Unis, les exilés russes orthodoxes issus de la noblesse et de la bourgeoisie ont vécu dans une mélancolie permanente qui explique qu'ils n'aient pas exploité tout le potentiel qu'ils auraient développé en Russie.

Ce qui est vrai, c'est ce désastre que Churchill a parfaitement résumé dans cette expression très frappante : « La Russie est un vaisseau qui, après avoir franchi toutes les tempêtes, a coulé en vue du port ! » Il est quasi certain que si la Russie était restée en guerre un an de plus, on aurait assisté, en 1918, à son rétablissement à partir d'un système plus démocratique qu'en 1914, qui aurait évité la révolution et conservé à cet empire son statut de grande puissance. Malheureusement, il n'en a pas été ainsi car l'Histoire avance à coups de tragédies.

Il reste évident que le régime de février 1917 d'Alexandre Kerenski et de ses amis était extrêmement faible et velléitaire, qu'il était constitué de braves gens souvent francs-maçons, mais ne comportait aucun véritable homme d'État. L'anarchie, qui avait beaucoup plus de prise en Russie que les idées révolutionnaires, avait commencé à se répandre, notamment sur le front, compte tenu de l'importance des sacrifices exigés, mais également dans les campagnes qui finirent par se soulever. C'est alors que le petit levier que formaient quelques milliers de bolcheviks et d'intellectuels révolutionnaires a pu renverser la situation et s'est retrouvé presque miraculeusement à la tête d'une immense nation sans avoir de véritables convictions objectives ni le moindre programme. C'est tellement vrai que Lénine l'a confessé, en entamant en public une sorte de danse festive, le jour où la durée de la révolution avait déjà dépassé d'un jour celle de la Commune de Paris – en quoi il voyait déjà un formidable exploit.

Les dirigeants bolcheviks étaient tous persuadés qu'ils vivaient dans une sorte de transe dont ils ne sortiraient pas et, ce qui n'était d'ailleurs pas faux, que la Russie réactionnaire, dont faisaient partie les anciens cadres de l'armée, une partie des paysans, les cosaques, mais aussi toutes ces couches intermédiaires qui les détestaient, allait finir par triompher d'eux. Ainsi, seule la terreur en viendrait à bout.

V.F. Aussi le régime a-t-il été durablement installé dès lors que le nombre des membres du Parti a été multiplié par six au cours de la seule année 1917, et de même pour chacune des trois années suivantes[1].

A.A. Avec, comme toujours pour les régimes autoritaires, une dialectique des contraires. Prenons l'exemple d'un des dirigeants emblématiques de la Chine révolutionnaire : Zhou Enlai, type même de l'intellectuel de gauche rallié à Mao et qui, incarnant toutes les vertus du mandarin, passait aux yeux des Chinois pour une sorte de garant plus civilisé du système. Or cet homme a passé sa vie à couvrir tous les excès de Mao, à l'exception de ses dix dernières années quand, au beau milieu de la Révolution culturelle, il s'est tout à coup rebellé en exprimant toutes les potentialités rationalistes d'une génération communiste qui n'en pouvait plus. C'est à lui que la Chine doit l'application de la politique de Deng Xiaoping après 1978 et l'extraordinaire essor qu'elle enregistre actuellement, avec cette rupture que certains ont vainement souhaitée pour l'Union soviétique après la mort de Brejnev en 1982.

Ce qui m'a toujours frappé, c'est la persistance de la présence d'opposants au sein même des systèmes communistes. Cette machine a toujours produit de sombres brutes, mais aussi des contestataires dont certains sont devenus des symboles, tel Alexandre Dubček, avec son printemps de Prague. Le communisme produit toujours ses dissidents qui appellent à un redressement : pourquoi ?

Tout cela remonte à Lénine. Il se trouve en effet au sein de toute société en révolution d'énormes poches d'archaïsme lui-même révolutionnaire qui, sous l'effet de secousses,

1. Effectifs du parti bolchevik de 1917 à 1981 : février 1917 : 17 000 ; 1918 : 100 000 ; 1920 : 600 000 ; 1924 : 472 000 ; 1926 : 1 078 000 ; 1930 : 1 600 000 ; 1932 : 3 500 000 ; début 1939 : 1 600 000 ; 1941 : 3 800 000 ; 1946 : 5 500 000 ; 1953 : 7 000 000 ; 1964 : 10 000 000 ; 1981 : 17 500 000. Plus il y a de membres inscrits au Parti, moins le monde croit au communisme.

peuvent donner des résultats exceptionnels et terribles. C'est une réalité que le bolchevik Nikolaï Boukharine résumait de la façon suivante : « Qu'est-ce que la révolution russe ? C'est Pougatchev (le chef de la grande jacquerie contre Catherine II), plus le télégraphe ! »

Staline et Mao se sont livrés sans remords au jeu consistant à déchaîner les forces de l'archaïsme pour triompher. Or, si tant d'ouvriers et d'intellectuels s'y sont laissé prendre, c'est simplement parce qu'en 1914 la social-démocratie européenne qui s'inscrivait dans un mouvement de rationalisme et d'acceptation du réformisme de plus en plus fort, avec des dirigeants comme Jaurès en France, mais aussi comme les dirigeants sociaux-démocrates allemands, s'est révélée impuissante face à la catastrophe. Elle ne l'a pas été plus que ces dynasties européennes toutes mariées entre cousins et incapables de faire la paix, ou que les politiciens libéraux, eux aussi censés être hostiles à la guerre ; mais on attendait mieux de l'Internationale socialiste ! C'est à partir de l'effondrement de 1918 que l'on voit fleurir le mouvement dadaïste et l'idée d'abord esthétique qu'il faut briser la société.

Bien entendu, les forces de la gauche traditionnelle et de la social-démocratie en étant incapables, on pense qu'en cherchant dans les bas-fonds, les campagnes, le tiers-monde, on trouvera une vague révolutionnaire qu'il faudra certes subir dans sa violence mal dégrossie, mais dans l'idée qu'aux temps difficiles succédera l'avènement d'une ère extraordinaire. C'est ainsi qu'un certain nombre de bons esprits masochistes ont accepté des choses ne correspondant pas à leurs idéaux initiaux, estimant que le jeu en valait la chandelle et que le déchaînement de violence allait conduire à une nouvelle société qui, elle, résoudrait les problèmes que l'ancienne n'avait pu régler.

Sans la guerre de 1914 et les traumatismes dont elle s'était assortie, étant entendu que la Russie était un pays à genoux, ces idées n'auraient pas suscité un tel engouement, pas plus d'ailleurs que le dadaïsme ou le surréalisme... Le poète et dramaturge Vladimir Maïakovski, qui est le type de ces intellectuels raffinés et modernisateurs, incitait lui-même à une union avec la frange la plus archaïque de la société pour accéder à la victoire. C'est là que se rejoignent et s'affrontent le masochisme de consentement et la brutalité stalinienne, sadique dans son essence, parce que Staline n'est pas du côté des intellectuels qui pensent qu'il faut jouer avec d'autres forces : il fait partie de ces forces ! En cela, il est plus conséquent que tous les autres, puisqu'il va mettre en place un nouveau système de tsarisme populaire qui balaiera toutes les autres tendances. Et quand ses adversaires tenteront, en 1934 seulement, de le renverser avec Sergueï Kirov et le XVIIe Congrès du Parti, il sera trop tard.

V.F. Il faut aussi considérer les circonstances : si Lénine et Trotski étaient restés au pouvoir, malgré tout leur talent de stratèges, et même avec le concours de Dzerjinski, chef de la Tcheka, ils auraient été assez vite balayés pour des raisons économiques. Les doctrines trotskistes ou léninistes ont provoqué bien des désastres, à commencer par la famine, et se sont révélées en rupture totale avec la réalité sociale.

A.A. Mon père qualifiait Trotski de « Lazare Carnot de la révolution russe ». Tout comme ce dernier qui créa les quatorze armées de la République et fut surnommé « l'organisateur de la victoire », il réussit par des méthodes tout à fait classiques à doter le mouvement révolutionnaire, au départ totalement informe, d'une structure militaire solide, y compris en récupérant des généraux de l'armée tsariste de très grande qualité. Je pense au vieux Broussilov qui est devenu son conseiller, à Chapochnikov qui finira chef d'état-major de Staline, ou encore au futur maréchal Mikhaïl Toukhatchevski, future victime des purges qui seront ordonnées par Staline contre l'appareil militaire à partir de 1936.

Trotski a par ailleurs doté son organisation d'une double sécurité en plaçant des sortes de contrôleurs, les commissaires politiques, s'inspirant en cela une fois encore de l'exemple français et d'une idée de Robespierre qui avait créé le corps des « représentants en mission ». Il pensait ainsi familiariser petit à petit les militants du Parti avec la pratique militaire.

V.F. Il faut également savoir que Trotski a eu systématiquement recours au système des otages. Si un ancien officier tsariste engagé dans l'Armée rouge trahissait, toute sa famille était exécutée – y compris les enfants. Les archives en font foi.

A.A. Cela a bien fonctionné, mais dès lors que Trotski a voulu transférer ses principes sur l'économie, ce fut une catastrophe. C'est là que Lénine a arrêté de le soutenir.

V.F. Reste que, de mon point de vue – j'insiste, car c'est une divergence fondamentale entre nous –, il n'y a eu aucune différence entre Lénine, Trotski et Staline quant à l'utilisation de la violence ; et qu'en second lieu la NEP n'a pas été une nouvelle stratégie virant vers la social-démocratie et l'économie de marché, comme le croient de nombreuses personnes y compris Gorbatchev, mais un recul temporaire tactique, Lénine s'enfonçant peu après dans la maladie.

Deux personnages ont dominé l'histoire russe du siècle : Staline, bien plus important que Lénine et Trotski, lesquels auraient de toute façon été évincés du pouvoir tant leur programme économique était inapplicable, et Andropov, dont nous parlerons en détail après avoir évoqué Staline.

J'en arrive donc à Staline, ce « merveilleux Géorgien ». Il s'est produit une histoire bizarre, à la mort de Lénine, en janvier 1924. Il laisse un testament assez ambigu sous forme de trois notes visant à avantager Trotski et à détruire politiquement Staline. Le document est escamoté. Ensuite, Staline triche sur la date de l'enterrement. Comme Trotski se trouve en Géorgie, s'adonnant à sa passion pour la chasse, Staline lui envoie un télégramme, retrouvé lui aussi dans les archives, pour lui dire qu'il n'aura pas le temps de revenir pour la cérémonie, qu'il la fixe au 29 janvier, alors qu'elle s'est déroulée le 30 !

Enfin, lors de l'enterrement, qui est toujours un moment significatif pour l'avenir – comme l'on dit en France : « Le roi est mort, vive le roi ! » –, il prononce un discours fondateur pour son régime, discours marqué par sa formation de séminariste, inspiré de la litanie orthodoxe. Il le prononce dans la Maison des syndicats de Moscou – l'ancienne Maison de la noblesse russe – et prête serment au dieu défunt, en se présentant comme un dieu vivant, faisant notamment référence à la mythologie, à l'orthodoxie russe et à la grandeur de la Russie, s'opposant en cela à la vision universaliste de Trotski et de Lénine. C'est un moment crucial qui laisse clairement présager ce qui se passera avec Gorbatchev, Andropov, voire avec Beria.

A.A. C'est tellement vrai que ceux qui se réclament aujourd'hui de Staline en Russie se réclament aussi de Nicolas II et prétendent que si le régime tsariste était préférable, c'est malgré tout Staline qui a sauvé la Russie. De sorte que le culte actuel de Staline fait habilement l'économie des exactions du communisme.

V.F. Alors que Trotski déclarait qu'il brûlerait volontiers la Russie dans l'incendie de la révolution mondiale, Staline annonce qu'il va instaurer le socialisme dans ce seul pays, et qu'il va construire la nouvelle Russie. Il transforme *de facto* le communisme en national-communisme, pour ne pas dire en nationalisme.

C'est parce que Staline s'adresse finalement à l'âme du pays qu'il va permettre au système qu'il a instauré, en dépit de continuels échecs, de durer plus de soixante-dix ans. Il a en quelque sorte fondé une religion païenne où Lénine tenait lieu de dieu mort, et lui, de dieu vivant, et où la police secrète remplaçait l'Inquisition.

A.A. Pour parvenir à ses fins, c'est-à-dire la collectivisation, le plan quinquennal, la transformation du régime en une monarchie universelle et totalitaire et la réhabilitation progressive de pratiques effectivement issues de la période antérieure à 1914, Staline a dû batailler sans relâche.

Trotski étant devenu impopulaire, l'opposition trotskiste a été des plus faciles à liquider. De 1927 à 1939, Staline ne cesse ensuite de se battre contre le parti bolchevik lui-même qu'il détruit littéralement, ce qui prouve que ce dernier, sous sa forme historiquement authentique, n'était pas disposé à le rejoindre. Il va de soi que l'opposition la plus importante n'a pas été celle de Trotski, mais celle de Boukharine, du Premier ministre Alexeï Rykov, et d'un certain nombre d'autres hauts responsables dont la mouvance, désignée sous la formule « déviation de droite », était à la recherche d'une sorte d'issue social-démocrate. Cette formation était du reste alliée à la social-démocratie allemande, laquelle, dans le même moment, grande tragédie du siècle, était en train de perdre la République de Weimar.

V.F. Pardon, mon cher Alexandre, mais je ne crois nullement à l'existence d'une mouvance social-démocrate policée parmi les hauts dirigeants du parti bolchevik tel que tu le présentes. Je parle bien des dirigeants, pas des militants, souvent animés par un idéalisme sincère. Je ne pense pas que Boukharine et encore moins Trotski aient pu symboliser une quelconque alternative de ce genre. Il s'agissait de grands assassins qui, comme Trotski après avoir commis des crimes contre l'humanité, ont à leur tour été sauvagement supprimés par Staline. Les tueurs ont été tués. Présenter leur action comme la lutte d'une tendance social-démocrate interne au Parti ne me semble pas conforme à la dure réalité historique !

A.A. Reste qu'après l'épisode de la collectivisation qui fut un massacre épouvantable, le Parti se reprend, et c'est le XVIIe Congrès, dit « Congrès des vainqueurs », où l'on sait qu'à la faveur d'un vote secret Sergueï Kirov, secrétaire de Leningrad qui a commencé à critiquer Staline dans des articles dont le texte authentique ne sortira que sous la *perestroïka* et dont nombre de discours remettaient en cause la collectivisation, est ovationné par les délégués. Dans ces conditions, il est aisé de comprendre que les deux tiers d'entre eux disparaîtront au cours des années suivantes. Kirov finira avec une balle dans la nuque, victime d'un assassinat organisé prétendument par un mari jaloux.

Ensuite viennent les purges qui touchent pas moins de 700 000 à 800 000 membres du Parti, le dernier étage de la fusée étant la liquidation de l'état-major de l'Armée rouge avec le maréchal Toukhatchevski, très populaire, et qui avait, lui aussi, développé des idées réformatrices.

Jusqu'aux années 1937-1938, Staline ne cesse de batailler et d'éliminer : la majeure partie des couches modernes de la société qui avaient participé à la révolution d'Octobre ne s'étaient pas ralliées à lui. C'est le moment où le terme de *Vitvigents*, qui signifie « promu », est utilisé à tout-va à propos de gens comme Nikita Khrouchtchev, ouvrier mineur d'origine paysanne et de culture très médiocre. Comme le disait Boukharine : « On a commencé avec Hegel et on finit avec Gogol… » Ces bureaucrates sortis de rien ne sont effectivement pas sans faire penser aux *Âmes mortes*.

Fort heureusement, cette dynamique sociale fait aussi émerger des personnages remarquables tels que le maréchal Joukov, vainqueur de Stalingrad et de Berlin, le physicien Kourtchatov, père de la bombe atomique soviétique, et surtout l'ingénieur Korolev, qui a élaboré tout le programme spatial. Ils détonnent avec la masse des imbéciles qui, se complaisant dans le culte de Staline, marquent le début d'une sorte de féodalisation du régime, lequel a déposé son bilan le 22 juin 1941.

De fait, Staline a rendu son pays incapable de résister à l'offensive allemande. La pénétration de la Wehrmacht sur des centaines de kilomètres est hélas la victoire la plus incroyable de la Seconde Guerre mondiale. À Kiev, près de 500 000 soldats soviétiques sont faits prisonniers en quelques jours. L'armée s'effondre.

C'est alors que le miracle se produit, marquant le début de la Russie contemporaine. Cette dernière n'est imputable ni à Staline ni aux antistaliniens, mais à la conjonction des deux : soudain, en effet, Staline qui se trouve dans une situation si difficile qu'il songe à démissionner se ressaisit, et décide de rester à Moscou, quoi qu'il arrive. Il remet sur pied et galvanise son armée, et fait appel à la fois aux ressources de la Russie moderne, jusqu'alors mises sous le boisseau, ainsi qu'à l'intelligentsia, tout en flattant les réflexes populaires les plus ancrés, mais, cette fois-ci, les meilleurs. C'est ainsi qu'il amorce son désormais célèbre discours du 4 juillet

1941, non pas, comme d'habitude, par le mot « Camarades », mais par l'ancienne formule « Frères et Sœurs ». Il restaure à sa manière, c'est-à-dire moyennant un contrôle strict des évêques, les privilèges de l'Église, qui va collecter pour équiper les divisions blindées beaucoup plus que toutes les associations sociales. Sous l'empire de la nécessité, il obtient une sorte de fusion des différentes forces de la société russe qui jusqu'alors ne s'étaient pas rencontrées. On retrouve la Russie éternelle et la Russie moderne.

V.F. Ce discours du 4 juillet a été l'acte fondateur de la Russie d'aujourd'hui. Staline s'est adressé aux Russes en les appelant « Frères et sœurs », en parlant au nom du Christ et des saints, pour dire que la Russie allait gagner la guerre et détruire le Mal. C'est cet appel à la fibre patriotique et aux jeunes, moins doctrinaires, moins expérimentés, qui lui a permis de se maintenir. Il a parlé d'histoire « longue », comme le fait d'ailleurs Poutine.

A.A. C'est ce que raconte Vassili Grossman avec un génie incomparable dans *Vie et Destin.* L'un de ses personnages principaux est physicien, l'autre, Krimov, est un ancien bolchevik, qui sera finalement arrêté par le régime après Stalingrad. Le passage le plus émouvant de ce livre est l'histoire de la maison au-delà du fleuve, demeurée coupée du monde par l'avance allemande, et dont tous les défenseurs savent qu'ils vont périr, à l'exception d'une jeune télégraphiste qui croit encore à l'amour et qui survivra. *Vie et Destin* montre bien l'exaltation de ces jeunes gens indomptables, et leur capacité à retrouver les fondements de la liberté humaine dans l'épreuve extrême.

Un autre grand écrivain, Nekrassov, cité par Grigory Svirsky, dit à propos du discours de Staline : « Ce que les bureaucrates ont vu au premier congrès des écrivains combattants en 1946 et qui a été terrible pour eux, c'est que nous n'avions plus peur. » Aussi est-ce dans son triomphe même que commence la plus grande crise du stalinisme. Au moment où Staline réalise l'unanimité de son peuple, ce qui n'était pas le cas en 1939, au moment où il devient un dieu pour le communisme international, il crée, malgré lui et de façon inconsciente, un état d'esprit fait d'héroïsme et de révolte latente dont il ne parviendra jamais à se défaire et qui explique ce lent mais inexorable tournant de la Russie vers la démocratie.

Cela étant, il n'y avait pas de sociaux-démocrates pour la bonne raison que tout, dans l'éducation bolchevique, conduisait à rejeter le concept de social-démocratie et ce qu'il représentait depuis la faillite des mencheviks en 1917. Rédacteur en chef de la *Pravda*, puis des *Izvestia*, Nikolaï Boukharine, qui en avait rencontrés à l'étranger et qui en était resté impressionné, commençait toutefois à virer sa cuti. Si l'on excepte Boukharine, nous sommes dans le processus que Louis Althusser décrit bien dans sa notion de « procès sans sujet »: ici, on observera que, dès lors que les idées réformatrices existent en Russie, sous la forme encore sans visage d'un processus abstrait, les gens, dans la crise qu'ils traversent, pour toutes sortes de raisons, finissent, même si leur passé n'est pas toujours cohérent avec les idées nouvelles, par s'en emparer.

Des personnalités comme Valerian Kouïbychev, qui s'est prétendument suicidé, ou Sergo Ordjonikidze, qui était le plus proche compagnon de Staline, ce qui n'empêchera nullement ce dernier de le liquider, n'étaient certes pas destinées à devenir des antistaliniens. Mais soudain, tout comme avec Zhou Enlai en Chine, quelque chose en eux s'est révolté. Lorsque des idées réformatrices sont dans l'air et se retrouvent balayées avec leurs représentants les plus légitimes, vague après vague, d'autres individualités s'en emparent…

Il fut un moment où il devint imaginable que les purges allaient venir à bout de tous ceux qui avaient des idées de libéralisation. Or, en 1939, on a vu que tel n'était pas le cas quand de nouvelles générations ont demandé et obtenu de tirer un trait sur les purges, d'ouvrir le goulag ; et à partir de 1945, ces demandes se sont faites plus pressantes. Ainsi, Viatcheslav Molotov, chef de la diplomatie soviétique et homme lige de Staline, a été d'accord pour adopter le plan Marshall. Il a très maladroitement conseillé de ne pas rompre les relations avec les États-Unis et a chanté les louanges de Churchill. Ce qui ne fut pas du goût du maître du Kremlin : « Je ne peux plus considérer un tel camarade comme mon adjoint », déclara Staline, qui échafauda un plan pour s'en débarrasser.

V.F. Une anecdote court à propos des contacts entre Molotov et les Occidentaux. Dans une soirée privée après la guerre, Churchill parlant de Hitler aurait dit : « Nous avons tué le mauvais cochon », ce qui en russe est une terrible offense. Molotov en aurait informé Staline qui aurait pris l'injure pour lui, juste au moment où Molotov disait du bien de son auteur. Terrible quiproquo ! Son cas s'est encore aggravé quand sa femme, d'origine juive et amie d'enfance de Golda Meir, a proposé de créer Israël en Crimée, ce qui lui a valu d'être immédiatement envoyée au goulag.

Mais je voudrais aborder un autre sujet qui me tient à cœur, il s'agit de la médiocrité supposée de Staline. Elle a été accréditée par nombre de ses adversaires, au point de devenir légendaire, alors que telle n'était pas la réalité. Je me souviens d'une visite de Saddam Hussein à Moscou. Invité par le Comité central en tant que secrétaire du Baas irakien, on lui avait proposé de visiter le musée Pouchkine. Il avait décliné l'offre, préférant se rendre au mémorial de Staline – il se prenait déjà pour la vivante réincarnation de ce dernier et n'attendait qu'une chose : l'aval des Soviétiques pour réaliser son coup d'État !

Or, visitant en sa compagnie la datcha de Staline, j'ai pu constater que la bibliothèque, qui comportait des ouvrages marxistes non ouverts, regorgeait surtout de livres sur l'histoire de la Russie, la théologie, la philosophie, les croyances, les rites, et l'histoire des religions. Après Catherine II, il a sans doute été le dirigeant russe le plus érudit, infiniment plus que Lénine ou Trotski, dont la culture était unidimensionnelle et qui ne s'intéressaient à rien de ce qui s'écartait de leur activité de révolutionnaires. Staline avait une curiosité beaucoup plus aiguë qui explique peut-être sa longévité.

A.A. Isaac Deutscher, l'un de ses premiers biographes, a en effet souligné qu'il connaissait beaucoup mieux la littérature russe, notamment celle du XIXe siècle, que Lénine ou ses autres collègues. Il est intéressant de savoir qu'il était fasciné par la théorie du mal de Dostoïevski. L'auteur de *L'Idiot*, de *Crime et Châtiment*, des *Possédés* était son écrivain préféré, alors que Lénine ne se réclamait que des idées humanitaires de la dernière période de Tolstoï.

Le monde de Dostoïevski a habité Staline. Plus tard, lorsque Boukharine a chargé un philosophe de lui donner des cours de marxisme, le malheureux en est sorti effrayé, confiant par la suite à l'un de ses amis que Staline lui avait expliqué qu'il fallait terroriser sans trêve ses adversaires, et que ses héros étaient plus proches d'Ivan le Terrible que de Pierre le Grand ! Staline fut donc incontestablement un homme cultivé, mélangeant certes idées réactionnaires et progressistes, mais dont les capacités étaient malheureusement, comme ce fut le cas pour Mao, très supérieures à celles de ses adversaires.

On a essayé – Nikita Khrouchtchev avec le maréchal Joukov, en particulier – de faire croire après sa mort, pour le faire passer pour un incompétent, qu'il n'avait joué aucun rôle durant la guerre, qu'il regardait les plans de guerre sur une mappemonde. C'est une réputation totalement infondée. S'il a commis toutes les erreurs possibles au début, les historiens militaires s'accordent à dire qu'ensuite il a su faire confiance et promouvoir des chefs de très grand talent, qu'il a participé à tous les débats stratégiques, qu'il a eu des idées tout à fait justes. Ce n'est donc pas sans raison qu'il a pu se prévaloir de son rôle pendant la guerre. Il était tout sauf un témoin marginalisé.

Période essentielle pour comprendre le destin du régime. La vrai refondation du stalinisme a eu lieu en 1945, la société à laquelle il avait permis d'éclore pendant la guerre étant très supérieure à la société précédente. L'année 1941 a marqué la fin d'une période avec l'avènement d'une sorte de compromis social qui a permis au stalinisme de survivre. C'est là tout le paradoxe car, après la mort de Staline, le 5 mars 1953, ses successeurs vont s'efforcer de donner corps à tout ce qui s'était passé durant le conflit : donner plus de place, plus de liberté aux individus, plus d'aisance à la société qui était corsetée, tout en maintenant une dictature sur le pays, l'économie, la littérature, dans une forme de continuité.

La société khrouchtchévienne libéralisée, c'est la société stalinienne de la guerre. Avec le début officiel de la déstalinisation, 1956 est la victoire des anciens combattants. C'est pourquoi des auteurs tels que le poète Alexandre Tvardovski, devenu directeur de la grande revue libérale *Novy Mir*, ou l'écrivain voyageur Nekrassov, qui avaient écrit sur les déceptions de l'immédiat après-guerre, bénéficieront de l'ère khrouchtchévienne. Et là où Staline triomphe enfin, c'est quand, grâce à son système de promotion des médiocres, ce n'est ni Malenkov, président du Conseil des ministres de mars 1953 à février 1955, ni Beria, chef de la police politique de 1938 à 1953, qui sortent du lot, mais Khrouchtchev, c'est-à-dire le moins futé de tous !

Chapitre III
Les temps incertains, de Khrouchtchev à Brejnev

Alexandre Adler : Nikita Sergueïevitch Khrouchtchev, né en 1894, doit son ascension politique au cours des années 1930 à Joseph Staline. Il devient secrétaire du Parti communiste de l'Union soviétique en mars 1953, poste qu'il cumulera à partir de 1958 avec celui de président du Conseil des ministres. Markus Wolf, patron des services spéciaux de l'Allemagne de l'Est, racontera à quel point, lors de son passage dans son pays, il a été ébahi de penser que cet homme dirigeait l'Union soviétique…

Principal inspirateur de la politique de déstalinisation à l'intérieur et de la coexistence pacifique à l'extérieur, Khrouchtchev a malheureusement marqué les limites de ses nouvelles orientations en revenant sur certaines mesures de libéralisation du régime, en multipliant les décisions erratiques, particulièrement dans la gestion de l'agriculture, en réprimant très durement l'insurrection hongroise de 1956, et en se colletant en 1962 avec les États-Unis lors de la crise de Cuba, conduisant l'humanité à deux doigts de l'échange nucléaire. C'est alors qu'il a été décidé de le « débrancher », de le faire bénéficier d'une retraite heureuse, estimant qu'il était grand temps d'en finir avec un personnage aussi médiocre et subjectif.

Vladimir Fédorovski : En même temps qu'il avançait d'un pas, il en faisait deux en arrière, restant fixé sur Staline. Lorsqu'il est limogé en 1964, il est discrédité au sein de la société comme de l'élite du Parti, son erreur étant de n'avoir accompli les réformes qu'à moitié, particulièrement en ce qui concerne l'armée dont il a diminué drastiquement le nombre des officiers, sans envisager un quelconque reclassement. Erreur tragique !

A.A. Oui. Il a ainsi perdu son crédit auprès des militaires qui lui avaient pourtant apporté leur appui, notamment lors de la déstalinisation. On peut aller jusqu'à dire qu'il a été sauvé par le maréchal Joukov. De fait, lorsqu'en juin 1957 la fraction la plus stalinienne du Politburo, notamment Molotov et Malenkov, tente de le destituer, il déclare avec un certain courage que le Politburo n'a pas la compétence pour le renvoyer et demande une convocation du Comité central. Joukov, ministre de la Défense, met aussitôt des avions militaires à la disposition des membres du Comité central de toute l'Union soviétique, de Minsk jusqu'à Vladivostok, et Khrouchtchev est reconduit sous un tonnerre d'applaudissements. C'est une forme de coup d'État militaire.

Quelle a été la réaction de Khrouchtchev ? Il a jugé Joukov trop puissant et l'a limogé quelques mois plus tard ! Le ministre qui s'était identifié à la déstalinisation et qui venait de sauver le Premier secrétaire est devenu un grand exilé jusqu'en 1965. Du fait de cette politique brouillonne que tu évoquais, Vladimir, Khrouchtchev a fini par se mettre à dos tous les courants de la société soviétique.

V.F. Puni par où il a péché, alors que c'était précisément pour sa médiocrité qu'il avait été poussé en première ligne, comme ce sera plus tard le cas de Vladimir Poutine. Si ce n'est que la fonction créant l'organe, la marionnette Poutine est devenue marionnettiste !

L'intelligentsia reproche à Khrouchtchev de ne pas aller assez loin, tandis que le Parti le déteste pour ses réorganisations. Situation intenable, sur laquelle va se greffer l'affaire de Cuba. Elle s'amorce en vérité avec l'arrivée au pouvoir, après en avoir chassé le général Batista, de Fidel Castro en janvier 1959. Entre les deux pays, les rapports vont se dégrader. En janvier 1961, à la suite de la nationalisation par Castro des intérêts américains, les relations diplomatiques sont rompues. Dès avril, mille quatre cents hommes, pour la plupart des exilés cubains entraînés par la CIA dans un camp au Guatemala, débarquent dans la baie des Cochons, avec un renfort aérien, en vue d'éliminer Castro. L'opération échoue.

Khrouchtchev, quant à lui, envoie cinquante mille hommes, trente-six missiles nucléaires et quatre sous-marins à Cuba, qui est située, il n'est pas inutile de le rappeler, à moins de deux cents kilomètres de la Floride. Mi-octobre 1962, les rampes de lancement sont repérées par un U-2 américain, au moment où une flotte de navires soviétiques transportant une nouvelle cargaison d'ogives nucléaires se dirige vers l'île. 22 octobre 1962, dans un discours télévisé à la nation américaine, le président Kennedy dévoile la présence de missiles sur Cuba. Il exige le démantèlement des installations et décrète le blocus pour stopper les navires. Situation explosive. 26 octobre, Khrouchtchev avertit : « Si les États-Unis veulent la guerre, alors nous nous retrouverons en enfer. » Finalement, il cède, ordonnant à sa flotte de reculer. Mais l'alerte a été chaude.

On n'apprendra qu'en 2001 que les sous-marins soviétiques d'escorte étaient eux-mêmes armés de torpilles à tête nucléaire. Sur le plan diplomatique, pour ne pas perdre totalement la face, l'ordre de démantèlement des missiles est échangé contre l'engagement écrit de non-invasion de Cuba par John Kennedy. Mais la gestion des opérations a dévoilé le caractère erratique du Premier secrétaire.

A.A. Les Russes ont en effet pris conscience qu'il était un dangereux irresponsable, capable de déclencher une guerre mondiale sans même l'avoir voulu. Cette crise a signé sa mort à brève échéance, le temps de fomenter un complot contre lui. On assiste alors à une convergence allant des réalistes, qui appellent à une entente et à une normalisation des relations avec les États-Unis, aux staliniens les plus impénitents. Tous en veulent à Khrouchtchev. Il se forme une terrible conjonction dont Brejnev est le résultat.

Bien des décisions prises au cours de cette crise ont choqué les militaires, qui ont considéré Khrouchtchev comme un pur aventurier. Khrouchtchev avait donné son accord à Che Guevara pour déployer les armes atomiques à Cuba, pensant que les Américains n'auraient pas vent de cette décision, alors qu'il lui a fallu finalement reculer. Il faut également citer le télégramme de Castro et de l'ambassadeur soviétique à Cuba réclamant l'utilisation des armes atomiques, autant d'éléments qu'ont désapprouvés l'establishment militaire et même le KGB, lesquels joueront un rôle déterminant dans la succession au pouvoir.

Le complot a fédéré des personnalités hétéroclites, tout le monde s'accordant à dire que Khrouchtchev était devenu une gêne pour tous. Il a été dirigé formellement par un idéologue du Parti, Mikhaïl Souslov, membre du Politburo, qui sera le mentor de Gorbatchev ; le premier rôle étant tenu par un personnage emblématique, Alexandre Chelepine, président du KGB de 1958 à 1961, secrétaire du Comité central du Parti, un homme jeune, né en 1918, alors en pleine ascension, qui avait été le chef des Jeunesses communistes sous

Staline. Il s'était rallié à Khrouchtchev sans grande sincérité, compte tenu de son attachement au souvenir stalinien. Depuis 1961, il apparaissait comme le dirigeant de l'aile gauche…

V.F. Chelepine était indéniablement intelligent, mais d'une logique néostalinienne, partisan d'envoyer au goulag tous ceux qui souhaitaient l'ouverture et de mettre un terme à la déstalinisation. Pour mettre ses idées en application, il usait de son bras droit, Vladimir Semichastny, qui lui avait succédé à la présidence du KGB et qui contrôlait tous les organes.

A.A. La rupture fut aussi alimentée par des facteurs secondaires : l'agriculture soviétique donnait de très mauvais résultats, le pays se sentait désorienté et la fuite en avant de Khrouchtchev, qui avait réaffirmé son engagement antistalinien, lui avait valu quelques inimitiés supplémentaires.

Globalement, il avait fait son temps. Il s'était montré incapable de gérer les relations internationales de manière constructive, en passant d'une position extrême à une autre, il désorientait le travail de ses collaborateurs. Comme toujours, s'agissant de cette forme de régime, le pouvoir est tombé non pas par ses ailes, mais par le centre. Ainsi, un certain nombre de gens qui représentaient la haute technocratie de l'Union soviétique ne pouvaient plus, ou ne voulaient plus, travailler avec Khrouchtchev. C'est pourquoi Gromyko, le ministre des Affaires étrangères, ou Kossyguine, qui deviendra Premier ministre de la période de transition, sont plus importants dans cette phase initiale que les critiques de droite et de gauche les plus éminents.

On peut dire que Khrouchtchev, issu du Parti, représentait un appareil qui garantissait un avenir plus sûr à la technocratie désireuse de reprendre progressivement le pouvoir à

Staline ; ainsi, il a eu une légitimité pour parler aux nostalgiques de la droite stalinienne aussi bien qu'aux libéraux, désireux d'avancer plus loin. On comprend bien que ce précaire équilibre khrouchtchévien, qui a fait l'affaire de tout le monde durant un temps, n'ait plus convenu à personne à partir de 1961-1962. Cela étant, il aura fallu trois ans pour que le compromis se défasse et qu'il soit remplacé par un autre.

Ce changement obéit à quatre raisons. Premièrement, le conflit intervenu au sein de l'armée. En nommant un nouveau chef d'état-major, le maréchal Biriouzov, grand patron des fusées, Khrouchtchev s'est aliéné les masses profondes de l'armée, situation inédite puisque la véritable gloire du Premier secrétaire tenait au fait d'avoir été le commissaire politique envoyé par Staline sur le front de Stalingrad. À ce titre, tous les maréchaux qui avaient participé à la plus grande victoire de l'histoire soviétique lui étaient acquis, d'autant qu'ayant tremblé sous Staline ils n'étaient pas hostiles à une certaine forme de déstalinisation. Elle correspondait en effet à une réhabilitation du rôle de l'armée, laquelle nourrissait un certain ressentiment à l'encontre de Staline qui s'était arrogé tous les lauriers de la victoire.

Jusque-là, Khrouchtchev avait donc pu se prévaloir d'un appui de l'armée, qui a d'ailleurs permis, on l'a vu, avec l'aide du maréchal Joukov, de déjouer la première tentative de destitution en 1957. Depuis, l'eau avait coulé sous les ponts et Khrouchtchev, persuadé, comme le sera Gorbatchev plus tard, qu'il fallait diminuer les budgets de défense, déclarait volontiers, fasciné par la conquête de l'espace, qu'une fusée valait largement dix divisions blindées. C'est ainsi qu'il a commencé à perdre l'assentiment de l'armée, qui critiquait en outre le caractère erratique de sa politique étrangère et de sa politique militaire, et notamment, comme tu l'as dit, Vladimir, les licenciements massifs d'officiers.

La deuxième raison du changement a trait à la relation de Khrouchtchev avec Leonid Brejnev, qu'il persistait à voir comme son bras droit. Lorsque Brejnev quitte la présidence du Soviet suprême de l'URSS (poste purement honorifique lui permettant de voyager dans tout le pays et d'étendre le réseau de ses relations) et qu'il revient au secrétariat du Parti avec une position de numéro deux, en réalité les jeux sont faits. Khrouchtchev n'y prend pas garde, car il considère réellement Brejnev comme un allié, voire comme un associé pour lui avoir confié des missions importantes telles que le lancement du programme nucléaire ou la conquête des terres vierges au Kazakhstan, la dernière opération de colonisation européenne de l'Histoire, toutes choses qui ont permis à Brejnev de se faire connaître et de se tenir, à l'instar de Khrouchtchev, à égale distance de la gauche stalinienne et de la droite réformatrice. Pour autant, c'est un personnage beaucoup plus malléable, et moins subjectif, ce qui lui permet d'être la pièce essentielle d'une direction collective.

C'est donc le centre qui s'est craquelé, avec les militaires d'un côté, sur lesquels Khrouchtchev ne peut désormais plus compter, et Brejnev de l'autre. Il ne lui reste plus qu'un seul partisan au sein de la haute direction : Anastase Mikoyan, l'ancien bras droit arménien de Staline à Bakou avant 1917, partisan avéré de la déstalinisation, et qui l'apprécie.

Les deux dernières raisons présidant à la chute de Khrouchtchev correspondent, après le centre, aux deux ailes du pouvoir. La première, active, est celle d'Alexandre Chelepine, le mauvais génie de cette direction soviétique, sur lequel il faut revenir plus en détail. Ancien chef des Jeunesses communistes sous Staline, dévoué à la personne du dictateur et proche de cette jeune génération qui avait succédé aux vieux membres du Bureau politique juste avant la mort de Staline, Chelepine se rallie à Khrouchtchev essentiellement par détestation de Malenkov, Beria et de la vieille garde. Khrouchtchev, qui a besoin d'un homme à lui à la tête du KGB, le nomme pour occuper cette place. C'est une totale erreur puisque, à compter de 1959, Chelepine devient le grand patron des services secrets et commence à conduire une politique étrangère autonome en cherchant par exemple à se réconcilier avec les Chinois. À cette fin, il entreprend des voyages secrets à Pékin, dénigrant Khrouchtchev qu'il rend responsable de la brouille avec la Chine. Il se situe sur une ligne antiaméricaine de combat, mais aussi de reprise en main autoritaire de la société. Il développe l'idée que la conquête doit se poursuivre et qu'il ne faut pas subir le *statu quo* des Américains, selon un raisonnement qui retrouvera toute sa place dans la politique de l'Union soviétique des années 1970 et qui conduira finalement à la grande crise. Chelepine est un stalinien convaincu. Il tombera complètement le masque après la chute de Khrouchtchev en essayant de réhabiliter explicitement Staline.

En 1964, Chelepine est un élément moteur du complot : il a la haute main sur le KGB mais, à ce titre précisément, il inquiète beaucoup de gens. Il n'aurait donc jamais eu les mains libres et personne ne l'aurait suivi si, par ailleurs, Khrouchtchev n'avait pas mécontenté toute une aile libérale, lassée de ses foucades, qui lui reprochait notamment d'avoir conduit, en 1961-1962, l'Union soviétique au bord du gouffre à Cuba. Comme sa politique était assortie de mesures désordonnées, telles que la lutte contre le crime économique, au nom de laquelle on fusillait des malheureux, le plus souvent juifs, il était fort peu apprécié, avec ce facteur aggravant qu'il n'avait jamais été un véritable réformateur économique. Khrouchtchev sentait bien, à certains moments, qu'il fallait alléger les pressions, mais sans le faire vraiment. J'en donnerai cet exemple parmi cent autres : dans la dernière phase de sa carrière, plutôt que d'envisager une réforme de l'agriculture, dont il ne voulait absolument pas entendre parler, il réhabilita l'escroc Lyssenko, le grand inspirateur de Staline, dont il souhaitait relancer les idées.

De telles décisions laissaient atterrés tous ceux qui, en raison de son antistalinisme proclamé, l'aimaient finalement bien et étaient prêts à tolérer beaucoup de choses de lui. C'est ainsi que la deuxième aile du pouvoir, plutôt réformatrice et technocratique, a fini par basculer, avec l'un de ses membres les plus influents : Alexeï Kossyguine qui, après avoir été ministre sous Staline puis maire de Leningrad, était devenu l'un des porte-parole de la technocratie réformatrice. Kossyguine neutralisait les craintes que suscitait Chelepine et entraînait à sa suite l'intelligentsia qui avait abandonné Khrouchtchev et souhaitait des réformes.

V.F. Kossyguine connaissait parfaitement les forces et les faiblesses du système soviétique. Ainsi que tu le dis, c'était un réformateur convaincu. Un personnage parfaitement froid, distant, dont je pense qu'il aurait pu être un très grand dirigeant de multinationale. Le compromis brejnévien très complexe et quelque peu contradictoire visait à la fois à affaiblir Chelepine et à laisser les mains libres à Kossyguine qui devenait Premier ministre pour mener à bien des réformes économiques qu'il s'attachera à mettre en œuvre jusqu'en 1968, quand tout sera stoppé par l'épisode de la Tchécoslovaquie. Il resta Premier ministre pendant encore dix années, mais en réalité les décisions et le mécanisme des réformes lui avaient déjà échappé. C'était un dirigeant en sursis et des décrets sont d'ailleurs passés à cette époque précisant que le rôle du Premier ministre se limitait aux affaires strictement intérieures. Pour dire les choses autrement, il était devenu ni plus ni moins qu'un collaborateur du secrétaire général.

Ce n'est qu'une fois Chelepine éliminé et Kossyguine marginalisé que Brejnev a commencé à s'affirmer, alors même qu'il était censé n'être que l'organisateur d'une coalition assez large. Dans un premier temps, ce ralliement de la technocratie d'un côté et des néostaliniens de l'autre, autour d'un homme de compromis, en l'occurrence Brejnev, qui avait été suffisamment associé à Khrouchtchev pour ne pas effaroucher les cadres khrouchtchéviens, rendait Khrouchtchev extrêmement malléable. On peut dire que l'année 1964 correspond exactement à la date de maturation du complot !

Pour rester sur le plan humain, le pittoresque dans le processus d'éviction de Khrouchtchev est de voir Brejnev user des méthodes de Chelepine. Le soutien du KGB est déjà acquis aux instigateurs de la conjuration pour la simple raison que Chelepine en a le contrôle, et que Brejnev a rencontré le président du KGB Semichastny pour l'informer que la décision avait été prise d'éliminer Khrouchtchev sans prendre le risque d'en informer le Comité central, au motif que ce dernier avait déjà retourné la situation en 1957 avec le soutien de Joukov. Brejnev fit alors deux propositions qui s'inscrivaient dans la tradition des grands tsars de la Russie. La première consistait à abattre purement et simplement l'avion qui ramènerait Khrouchtchev d'Égypte en mai 1964, où il devait se rendre pour l'inauguration du barrage d'Assouan. Cette proposition a été à deux doigts d'aboutir, mais selon Semichastny, qui me l'a confié lui-même, elle n'a pu être mise à exécution en raison de la présence dans l'appareil de l'un des leurs : Andreï Gromyko, le ministre des Affaires étrangères. En apprenant ce renoncement, Brejnev émettra la proposition d'introduire un empoisonneur au

Kremlin pour assassiner Khrouchtchev, puis en abandonnera l'idée, refusant d'en donner l'ordre écrit…

Durant les premiers jours d'octobre 1964, mois fatidique, Khrouchtchev est en vacances au bord de la mer Noire. Souslov, Brejnev et Chelepine convoquent une réunion spéciale du Comité central. Le Premier secrétaire, qui a eu vent de ce qui se tramait contre lui, rentre alors à Moscou et apprend de la bouche du président du KGB, venu seul à l'aéroport, que ses adversaires l'attendent au Kremlin. Il se rend sans opposition. C'était un homme fatigué et déjà, il faut le dire, un peu gâteux.

A.A. Anastase Mikoyan, le seul qui lui soit resté fidèle, avait pris soin de le prévenir.

V.F. Oui, Mikoyan a tenté d'adoucir les choses. Le 13 octobre 1964, mis en accusation par le Politburo, le Premier secrétaire est sommé de se démettre. Mikoyan est le seul à ne pas voter cette résolution – et dans l'année qui suivra, après avoir remplacé Brejnev comme président du Soviet suprême, il sera mis à la retraite.

Le 15 octobre, le Praesidium du Soviet suprême d'URSS accepte la démission de Khrouchtchev. Il ne s'est pas agi d'un coup d'État comme on en a vu en Amérique latine ; toutefois, on peut discuter sur la question de savoir si le Politburo, organisme d'une dizaine de personnes, pouvait véritablement décider qui était le Premier secrétaire du Parti communiste de l'Union soviétique.

A.A. En 1957, il avait été décrété que ce serait le Comité central, tout acquis à Khrouchtchev, qui aurait ce pouvoir, en dépossédant par là même le Politburo. En l'espèce, il est probable que la réunion du Comité central a été formelle, mais que le vote de la motion a été un coup de force par rapport à la légalité du Parti : comme on s'en doute, il ne résultait ni d'un débat public ni même de polémiques sur des points particuliers, mais d'une exaspération d'un certain nombre de hauts cadres qui estimaient que Khrouchtchev avait fait son temps. Cela n'est pas sans rappeler la chute de Mussolini, votée par le grand conseil fasciste en 1943, à cette différence près que Khrouchtchev n'avait pas présidé, comme Mussolini venait de le faire, à une défaite aussi retentissante.

Le Premier secrétaire est certes brutalement destitué, mais sans devenir pour autant un martyr. Il va être assigné à résidence dans sa datcha, gardé par des jardiniers « à bras poilus », mais dans des conditions qui, loin d'être monstrueuses, sont plutôt agréables, puisqu'il continue à bénéficier des avantages de la nomenklatura, qu'il vit dans une belle villa où il ne manque de rien et que ses enfants circulent librement. C'est d'ailleurs ce qui leur permettra de faire passer ses mémoires à l'Ouest, en 1968. Il s'agit donc d'une retraite surveillée, mais avec les égards dus à son rang. Là encore, Brejnev avait voulu marquer clairement que l'époque stalinienne était révolue.

Après la chute de Khrouchtchev, tous les problèmes perdurent puisque Brejnev retrouve une position centrale, moins autoritaire, mais qu'il doit arbitrer entre des clans qui ont de très sérieuses divergences : c'est le début du pluralisme soviétique ! Toutes les idées qui étaient dans l'air trouvent à s'exprimer à travers des dirigeants dont chacun siège au Bureau politique. Cela rappelle ce que fait aujourd'hui Poutine, car, si après les années Eltsine on s'est arrangé pour que les partis libéraux organisés ne puissent plus être représentés au Parlement, Poutine, lui, a coopté dans le gouvernement à titre de compensation des figures libérales aux côtés de figures néostaliniennes. Cet équilibre instable correspond à certaines phases de l'histoire de la Russie, dans lesquelles on met tout le monde ensemble pour s'assurer qu'il n'y aura pas de troubles graves à l'extérieur, tout en sachant que ces formules ne peuvent pas durer. Elles ont aussi l'inconvénient d'installer une certaine forme de paralysie. C'est exactement ce que l'on observe aujourd'hui : on parle beaucoup, mais on ne fait rien !

V.F. En fin de compte, et pour en revenir à l'avènement de Brejnev, il fallait trouver un personnage intermédiaire, susceptible de réconcilier le plus grand nombre. Le Comité central, redoutant plus que tout un nouveau Staline, a écarté du pouvoir Chelepine, puis Souslov, collectionneur de citations de Lénine qui, avec son air d'universitaire britannique distrait, était trop à gauche à son goût, trop critique par rapport à la déstalinisation. En revanche, il a jugé Brejnev parfait. Pourquoi ? Parce qu'il apparaissait comme un faiblard moins dangereux que les autres !

A.A. Disons que l'Union soviétique, lassée des numéros un, s'est enfin dotée d'un numéro zéro. Ce fut d'ailleurs un grand soulagement, car Leonid Brejnev était un brave homme. Et comme il semblait plus faible qu'il ne l'était en réalité, il est logique qu'il se soit imposé.

Pour détailler l'homme, il faut préciser qu'il est un pur produit de la promotion de l'époque stalinienne, né en 1906 à Kamenskoïe, en Ukraine, d'une famille d'ouvriers venue de Dniepropetrovsk, ce qui a fait dire à l'écrivain dissident Andreï Siniavski : « Nous ignorions qu'il y avait un centre de génies à Dniepropetrovsk, mais depuis l'arrivée de Brejnev, nous avons une centaine de personnes originaires de cette ville qui montrent à quel point il y avait là une sorte d'Athènes en gestation… »

Son père était ouvrier sidérurgiste. Sa mère, comme il l'a raconté à Valéry Giscard d'Estaing qui l'a rappelé dans ses Mémoires, était polonaise, si bien que lui-même, à l'instar de beaucoup d'habitants de l'Ukraine industrielle, était bilingue, et que le sort réservé à la Pologne pendant la guerre a été pour lui un véritable crève-cœur. Il a commencé par des études de technicien agricole puis, à la suite de la collectivisation, a exercé le métier de dessinateur industriel, ce qui lui a permis d'entrer dans la grande usine sidérurgique, numéro un de cette région, laquelle, par son importance, était comparable pour la Russie à la Ruhr pour l'Allemagne. Sa promotion est instantanée car, sans être pour rien dans la répression stalinienne, il succède rapidement, d'abord à son directeur, puis au secrétaire du Parti, tous les deux fusillés.

V.F. C'est ainsi que cela s'est passé pour la plupart des dirigeants de l'époque : les remplaçants des personnes fusillées faisaient des carrières fulgurantes. Tel fut le cas d'un personnage trouble de l'Histoire, Dmitri Oustinov, nommé à trente-deux ans commissaire du peuple aux Armements, c'est-à-dire ministre de l'Industrie militaire, en 1941, sous Staline, ainsi que d'Alexeï Kossyguine, ministre des Textiles, alors qu'il avait à peine trente ans. Si Brejnev n'a eu aucun ministère, il est quand même devenu le secrétaire de l'une des plus importantes régions de l'Union soviétique, fabriquant à elle seule à peu près le quart de l'acier du pays.

A.A. Tu as qualifié Oustinov de personnage trouble de l'Histoire…

V.F. Il est à l'évidence l'homme du complexe militaro-industriel et allié principal d'Andropov…

A.A. Je préciserai toutefois que c'était un homme bien car, sitôt en place ès qualité de ministre de l'Armement, il a demandé que son prédécesseur Vannikov soit sorti du goulag. Ce dernier devint par la suite l'un des patrons de l'industrie nucléaire soviétique.

Brejnev, pour en revenir à lui, a donc été nommé très jeune secrétaire national, du fait des aléas de la politique, sans avoir rien réclamé, au point que l'on peut se demander s'il n'a pas servi de modèle à Vassili Grossman pour son personnage du secrétaire régional tout à la fois conformiste et courageux de *Vie et Destin*. À partir du début de l'année 1942, lors de l'invasion allemande, tous les secrétaires régionaux du Parti sont les commissaires politiques des opérations conduites dans leur zone. C'est là que Brejnev se distingue, en dirigeant avec beaucoup de courage la guérilla contre l'envahisseur. Comme le raconte Alexandre Tchakovski dans *La Petite Terre*, la biographie qu'il lui consacre, après cet épisode où il a fait preuve de réels mérites, il combat sur le front de Stalingrad sous les ordres de Khrouchtchev.

V.F. Pour l'avoir connu, j'ajoute qu'il était fort bel homme, grand amateur de voitures de sport qu'il collectionnait, et qu'il n'a jamais oublié aucune de ses maîtresses. Or, elles étaient nombreuses ! Il en avait une dans chaque ville de manœuvres, comme tout général de l'armée soviétique qui se respecte, au point que Staline, à qui l'on demandait que faire, alors qu'il découvrait cette situation, avait répondu : « Les envier ! »

A.A. S'il était fidèle à ses maîtresses, la réciproque était souvent vraie. Je pense notamment à cette célèbre infirmière qui, bravant l'interdiction des médecins, lui apportait sous sa pelisse de la vodka et du tabac à la fin de sa vie.

V.F. Un jour, en Crimée, il a fait un détour pour visiter une maisonnette où l'a accueilli une femme aux cheveux blancs et aux yeux excavés, qui s'est émerveillée qu'il ne l'ait pas oubliée alors que, dans un geste magnifique, il jetait un manteau de fourrure à ses pieds. Parmi toutes les personnalités qu'il m'a été donné de fréquenter, dont Eltsine, Gorbatchev et bien d'autres, Brejnev était le plus affable – un peu comme Chirac.

A.A. Il y avait tant d'individus durs et cruels, de fous d'idéologie ou d'imbéciles, que l'on s'étonnait de découvrir soudain quelqu'un qui n'était ni stupide ni désagréable. Les Soviétiques étaient disposés à oublier un passé trop lourd, avec à leur tête un homme dont ils savaient qu'il était un assez brave type, un être humain, avec des passions et une forme d'indulgence.

À cet égard, je citerai un exemple très célèbre qui, par la suite, a été utilisé contre lui : alors que les gens se plaignaient des pénuries, il a avoué que, dans sa jeunesse, étant dans le besoin, il avait lui-même été conduit à commettre de petits larcins. Un sac de ciment par-ci, quand il construisait des murs, un peu de vodka par-là…

V.F. Oui, car contrairement à Gorbatchev ou à Souslov qui interdisaient l'alcool, Brejnev disait : « Mais vous ne connaissez pas la Russie : pour vivre dans ce pays, il faut picoler ! » Cela étant, il ne faudrait pas le dépeindre en enfant de chœur puisque, rappelons-le, c'est lui qui a techniquement organisé le coup d'État, non sans avoir auparavant songé à détruire en vol l'avion de Khrouchtchev lors son retour du Caire…

A.A. Si l'appareil n'a pas été abattu, il y eut toutefois une intéressante variante en matière d'attentat. Une semaine après la chute de Khrouchtchev, une délégation du Parti alla voir les partis frères – Maurice Thorez en France et Palmiro Togliatti en Italie, le premier, contrairement au second, en étant naturellement ravi –, dans un grand moment d'émotion. Le maréchal Tito en fut particulièrement jaloux et mécontent, de sorte que, pour le rassurer, il fut décidé de lui envoyer un maréchal de l'Union soviétique. Le choix se porta sur Sergueï Biriouzov, dont nous avons vu qu'il avait été à l'origine du limogeage d'une partie des haut gradés. Il va de soi que l'armée détestait cet ultime pilier du système khrouchtchévien et qu'elle estimait qu'il fallait rapidement s'en débarrasser. Ce fut fait, puisque l'avion qui devait arriver en Yougoslavie s'écrasa dans des conditions suspectes au-dessus du mont Avala, non loin de Belgrade, sans que les Yougoslaves ne donnent d'éclaircissement sur ce crash. C'est ainsi que le maréchal Gretchko, l'un des artisans du complot, et qui, lui, n'était pas un tendre, succéda à Biriouzov au poste de chef d'état-major, avant de devenir ministre de la Défense à la mort de Malinovski.

Cela mis à part, au soulagement général, le complot fit peu de morts et ne donna lieu à aucun procès. Finalement, Brejnev sauva tous les khrouchtchéviens acceptables. Pourquoi ? Parce que lui-même avait longtemps joué la carte Khrouchtchev.

Durant la guerre, après avoir été commissaire politique à Stalingrad sous la direction de Khrouchtchev, il avait eu ses heures de gloire pour avoir été parachuté en Crimée (à ce qu'il prétendait, puisqu'en vérité il y était arrivé par bateau deux jours après les combats). On le retrouve par la suite commissaire de l'un des fronts d'Ukraine où un jeune amiral, Sergey Gorshkov, commande la flotte. Les deux hommes sympathisent et s'estiment, d'où l'indéfectible attachement de Brejnev à la marine. C'est au terme de cette évolution qu'il arrive à Budapest et qu'il est retenu pour participer au défilé de la victoire du 9 mai 1945, ce qui constitue une promotion considérable.

Par la suite, il est envoyé soviétiser la Moldavie où il rencontre le sombre tchékiste Konstantin Tchernenko, dont il fait son esclave. En fait, il aurait dû entrer au Politburo de Staline si la vieille garde avait été épurée en 1953, mais comme tel ne fut pas le cas, il connaît une période d'éclipse durant laquelle il est nommé commissaire politique de la marine, où il se fait de nombreux amis.

Le temps passe. Voyant qu'il l'emporte sur Beria, Malenkov et les autres, Khrouchtchev s'appuie sur la jeune génération montante, dont Brejnev et le nomme responsable de tout le programme des fusées. Promotion stratégique. Ensuite, il l'envoie au Kazakhstan participer à la colonisation des terres vierges qui a marqué la grande vague pionnière de l'histoire soviétique. C'est à cette époque, en juin 1957, qu'intervient l'épisode où Joukov sauve Khrouchtchev des griffes des staliniens. Épisode qui se soldera par la mise à la retraite de toute la vieille garde, dont le président du Praesidium Vorochilov, qui s'est repenti, mais trop tard, d'avoir participé au complot du Politburo pour destituer Khrouchtchev. Quand il a fallu remplacer Vorochilov au poste de chef de l'État, le choix s'est porté sur Leonid Brejnev.

V.F. Khrouchtchev, qui avait eu la velléité de le renommer au Comité central, ce qui était loin d'enthousiasmer Brejnev, l'a nommé secrétaire du Comité central, mais aussi membre du Bureau politique, ce qui était une position beaucoup plus prestigieuse. Lors du complot final de 1964, il était donc revenu à la direction du Parti en tant que secrétaire général, Souslov étant deuxième secrétaire, de sorte que, comme les choses commençaient à tourner mal, tous les anciens khrouchtchéviens désireux de quitter le navire se sont ralliés à lui.

A.A. On peut donc dire que la présence de Brejnev dans la conspiration a fait sauter les dernières réserves. Celles des militaires qui ne voulaient pas d'un rétablissement du pouvoir du Parti sur l'armée, ainsi que celles des diplomates, de sorte que la coalition s'est cristallisée autour d'un personnage acceptable par tous, qui n'était ni à droite comme Souslov ni à gauche comme Kossyguine, dont on savait qu'il était un réformateur économique et qu'il aurait poussé le pouvoir sur une voie plus libérale.

V.F. Un phénomène très bizarre se développe alors au sein du système soviétique. Les dissidences que l'on devinait déjà sous Khrouchtchev vont éclater au grand jour et ne pas cesser de s'affirmer. Elles ont pris naissance au sein d'un petit groupe d'à peine un millier de personnes, extrêmement courageux, d'autant que, comme nous le savons maintenant, tous les mouvements de dissidents, sans aucune exception, étaient infiltrés par le KGB. C'étaient essentiellement des intellectuels, particulièrement des écrivains, et, dans une moindre mesure, l'Église, en ce qu'elle symbolisait l'ordre tsariste ancien.

Brejnev hésite donc sur le comportement à adopter au regard du développement de la dissidence. Au sein du pouvoir prévaut la position des grands amis de Brejnev, notamment Nikolaï Chtchelokov, ministre de l'Intérieur, également lié à Rostropovitch, qui préconisait de « choyer les dissidents et de les embrasser jusqu'à les étouffer », tandis que d'autres recommandaient de les persécuter. Comme Brejnev optait toujours pour les demi-mesures, ils étaient suivis, surveillés, bousculés, mais ne souffraient pas de sévères condamnations.

A.A. Après la chute de l'Union soviétique, on a publié les actes d'une réunion du Politburo organisée pour décider du sort à réserver à Soljenitsyne, où il apparaît qu'Andropov voulait l'expulser, que Souslov était partisan de l'emprisonner, tandis que Brejnev proposait, sans l'emprisonner, de le garder en résidence surveillée. Il était toujours dans une sorte d'entre-deux qui correspondait à sa nature louvoyante.

V.F. Il y avait aussi ce que l'on appelait la « dissidence de la nomenklatura ». Tous les dirigeants du pays et les personnages en vue étaient nommés par le Comité central, de sorte que tout était calculé, fiché, surveillé. Or, au sein de ce système parfaitement homogène, on a vu se développer de graves dysfonctionnements. Le physicien Andreï Sakharov en fut l'un des plus marquants symboles. Inventeur de la bombe thermonucléaire soviétique en 1953, alors qu'il a tout juste trente-trois ans, il est célèbre et couvert d'honneurs, il est un héros de l'Union soviétique. Grâce à lui et à son équipe, à la mort de Staline, la Russie a non seulement rattrapé mais légèrement dépassé les États-Unis avec la bombe H. Or, parallèlement à ses succès de chercheur, Sakharov persiste à vouloir poser le problème de l'utilisation de l'arme atomique par rapport aux droits de l'homme. Cette contestation, il n'est pas le seul à la mener.

Dans de très nombreux secteurs de l'appareil, la ligne de l'immobilisme, de la « stagnation » pour reprendre le terme de Gorbatchev, passe de moins en moins bien. Le débat s'installe. Le Premier ministre Alexeï Kossyguine propose une vraie réforme économique, sur la base d'une décentralisation et d'une transformation de l'entreprise, inspirées des travaux de l'économiste Abel Aganbegyan, lequel conseillera plus tard Gorbatchev. D'autres, carrément néostaliniens, défendent la ligne d'Alexandre Chelepine, alors président du

Conseil des syndicats, toujours en étroite relation avec le KGB grâce à Vladimir Semichastny. Comme il est parallèlement secrétaire du Comité central responsable des organes de sécurité de l'URSS, on mesure son influence. Entre ces forces antagonistes, Brejnev décide donc, pour l'emporter, d'imposer Andropov à la tête du KGB, clé de voûte du système.

A.A. Parallèlement, il freine le processus de restalinisation. À cet égard, l'archéologie soviétique a dans ses archives un texte extraordinaire : la résolution sur la réhabilitation du camarade Staline, rédigée par Souslov, lui-même poussé par Chelepine. Or, il se trouve que, par erreur, elle avait été envoyée en Mongolie, si bien que le chef du Parti communiste local l'avait publiée à la une du quotidien national. Ce texte en langue mongole existe, sans jamais avoir été publié dans la *Pravda*, dès lors qu'entre-temps une coalition s'était levée pour refuser cette réhabilitation. Souslov lui-même a senti que les choses allaient trop loin.

C'est à partir de là que commence la chute de Chelepine : ayant manqué son coup politique, il passe aux yeux de Brejnev, qui le déteste, pour un incorrigible comploteur. Aussi tout l'effort de Brejnev consistera-t-il à récupérer progressivement la pleine initiative au KGB, ce qu'il parviendra à faire en 1967. Année qui sera d'ailleurs marquée par un événement curieux : la fille préférée de Staline, Svetlana, qui a toujours fait les cent coups, décide de fuir aux États-Unis où elle va s'installer et vivre quelques années tout en racontant la vie de son père. L'affaire en soi n'est pas gravissime, mais elle a un impact psychologique terrible sur les dirigeants soviétiques.

V.F. Il semble même que Kossyguine, au courant de ce départ, y ait été plus ou moins mêlé, ce qui affaiblira sa position dans le système. C'est là qu'apparaît l'étoile montante en la personne d'Andropov. Chelepine ayant perdu ses réseaux à travers l'éviction de son bras droit Semichastny, Brejnev récupère le KGB qui lui échappait presque entièrement.

A.A. S'il affermit son propre pouvoir, un événement de dimension internationale va bloquer la voie du réformisme : le printemps de Prague, qui s'achève le 21 août 1968 avec l'invasion de la Tchécoslovaquie. Cette date marque un tournant, car si Brejnev était peu sûr en matière économique, il va, par la suite, user de l'exemple tchèque pour refuser les réformes économiques. Certes, Kossyguine, numéro deux du régime, n'a pas été destitué, mais toutes les réformes économiques ont été stoppées.

V.F. Le printemps de Prague a joué un rôle majeur dans l'évolution du système, dès lors qu'il apparaissait comme une sorte de miroir du futur. Le « socialisme à visage humain », si semblable aux réformes prônées par Kossyguine, ne pouvait qu'aboutir à la fin du régime communiste par le biais d'une nouvelle révolution. Brejnev ne pouvait rester inerte face à ce phénomène, lui qui portait la responsabilité de la nomination de Dubček.

A.A. Il y a d'ailleurs un moment pathétique, quand il interroge Dubček, enlevé par l'armée soviétique. S'adressant à lui en russe, il lui demande en pleurant : « Pourquoi m'as-tu fait cela ? »

V.F. Il était très sentimental. Comme il le disait lui-même : « J'aime aimer ! »

Sur le plan intérieur, pour diriger le KGB, il lui faut un homme crédible, à la fois connu pour sa fermeté et son expérience, sans être par ailleurs un stalinien endurci. Il est intéressant de savoir que c'est quasiment malgré lui que Iouri Andropov s'est retrouvé nommé à la tête du KGB. Réunissant ses collaborateurs, il leur aurait dit qu'il reviendrait au Comité central !

Incarnant les services spéciaux soviétiques des années 1970, il constituera dans les premiers temps – ce qui explique sa relative liberté d'action – la garantie solide et sérieuse pour Brejnev que le KGB ne sera plus un lieu de complot contre sa personne, non plus qu'une sorte d'abcès stalinien préparant par des voies obscures un retour à la dictature et au goulag. Pour en être encore plus sûr, Brejnev verrouille les services en lui choisissant pour adjoints des hommes qui ne rapportent directement qu'à lui : Tsinev, avec qui il a fait la guerre, et, mieux encore, Tsvigoun, qui n'est autre que son propre beau-frère.

Une fois installé, Andropov a pour idée précise de ne jamais voir se répéter en Union soviétique l'expérience de la Hongrie ni de la Tchécoslovaquie. C'est un néostalinien convaincu, mais doté d'une personnalité complexe, très structurée. Il fait de la lutte contre les dissidents un cheval de bataille : il déteste Sakharov, vomit Soljenitsyne, place les opposants sur écoute, invente les asiles psychiatriques…

A.A. Je précise que les asiles psychiatriques sont un retour à la tradition tsariste, qui voulait que l'on y envoie tous les écrivains et philosophes contestataires pour éviter les procès. Tel fut le cas de Piotr Tchaadaev, qui avait conclu à la nullité historique et culturelle de la Russie, et que Nicolas Ier avait expédié chez les fous.

V.F. Sous Andropov, certains médicaments rendaient fous…

A.A. L'halopéridol, notamment. Pour la défense d'Andropov, je dirai que, s'il emploie parfois ces méthodes, il conduit parallèlement une politique d'expulsion systématique, laquelle a ses véritables faveurs. Si Soljenitsyne est parti par avion en aller simple comme de nombreux autres, c'est parce qu'Andropov ne voulait pas encombrer les prisons de futurs martyrs.

V.F. Contrairement à Khrouchtchev qui pratiquait l'élimination systématique, Andropov n'aimait pas tuer. Certes, il a dû donner son aval à certaines « opérations homicides », comme on dit dans les services spéciaux – je pense notamment au président afghan Hafizullah Amin, qui fut abattu par balles après une tentative manquée d'empoisonnement –, mais il est d'une nature mesurée. Son but profond est d'instaurer une forme de stabilisation pour le pays.

Quand, victime en 1976 d'une première attaque cardiaque, Brejnev passe la main au triumvirat Andropov-Gromyko-Oustinov (KGB-Affaires étrangères-Défense), une réflexion de fond s'engage sur la situation réelle du pays. L'entourage d'Andropov se vante d'avoir inventé la *perestroïka*. Ce n'est pas totalement faux, si ce n'est qu'Andropov est influencé par le style de Deng Xiaoping consistant à conserver le système politique tout en pratiquant des ouvertures sur le plan économique.

Il est l'homme le mieux informé du pays, le plus lucide sur sa situation réelle. Outre les statistiques de façade, qui ont leur utilité pour la propagande, il détient les chiffres exacts concernant la mortalité, notamment due à l'alcoolisme, le pourcentage du produit industriel profitant aux militaires – pas moins de la moitié –, l'importance de l'économie au noir, etc. Pour appréhender l'URSS, il faut envisager clairement l'interpénétration entre l'économie de l'ombre, autrement dit le marché noir, et le marché.

A.A. Il ne s'agit plus, comme dans les années trente, de petits trafics individuels, mais d'une véritable économie mafieuse qui fonctionne en symbiose avec tous les échelons de l'appareil, y compris Brejnev et ses proches.

V.F. On connaît en effet le goût prononcé de Brejnev pour les voitures de luxe… Andropov sait tout cela, et veut en finir avec la corruption. Il met notamment un terme au « scandale du caviar » qui consistait pour les hauts responsables de l'industrie de la pêche à exporter du caviar clandestinement et à en percevoir les revenus.

Un personnage tout à fait symbolique, aujourd'hui oublié, le général Nikolaï Chtchelokov, ministre de l'Intérieur, incarne le système en place – Brejnev s'entourant de fidèles, souvent des gens qui ont travaillé avec lui durant la guerre ou à Dniepropetrovsk lorsqu'il était secrétaire général. Chtchelokov a incarné la pire corruption qu'ait connue la Russie avec, entre autres, le scandale du coton. Les agents d'Ouzbékistan déclaraient des récoltes totalement fictives et recevaient des primes sur lesquelles Chtchelokov et le clan Brejnev, notamment le gendre, le général Iouri Tchourbanov, touchaient des rétrocommissions. L'affaire est bien évidemment retombée sur Charaf Rachidov, le secrétaire du parti ouzbek…

A.A. Il faut dire que dans la bataille pour le pouvoir, on avait exhumé toute une série d'affaires dont la plus grave concernant Chtchelokov tenait au soutien qu'il apportait à Galina, la fille de Brejnev, qui était assez dissipée et dont il était censé être le chaperon. C'est ainsi que furent sorties au grand jour les relations amoureuses qu'elle entretenait avec un personnage haut en couleur, dit « Boris le tzigane », artiste de cirque, mais aussi chef de mafia.

V.F. C'était d'autant plus ennuyeux que le gendre de Brejnev était vice-ministre de l'Intérieur !

Chtchelokov défendait les artistes et en profitait pour s'approprier des tableaux, voire pour en organiser le vol, alors que la fille de Brejnev était, elle, accusée de faire main basse sur les diamants. À l'époque, dans les milieux artistiques, on redoutait de porter des diamants uniques car aussitôt ils disparaissaient. Il faut bien comprendre que, dans cette lutte de pouvoir, tous les coups étaient permis ! L'entourage du KGB issu du nouveau triumvirat commettait-il de tels actes ? Je ne me prononcerai pas, sauf à constater que, dans l'histoire de l'Union soviétique, Chtchelokov se retrouve complètement diabolisé et perçu comme le symbole de la corruption. Dès la mort de Brejnev, il sera destitué de toutes ses fonctions et se suicidera pour échapper à son passage en jugement, précédé dans la tombe par sa femme, grande amie de Galina Vichnevskaïa, épouse du grand Rostropovitch.

Incarnant la lutte contre la corruption, Andropov sortira les affaires les unes après les autres pour discréditer ses adversaires. Logique politique oblige, le triumvirat devra rester soudé : Oustinov et Andropov, Gromyko ne les ayant rejoints qu'à contrecœur. Les trois hommes sont liés à mort et à peine quelqu'un émet-il une critique contre l'un, que les deux autres lui apportent leur soutien.

Les mois passent. Brejnev s'affaiblit. Il n'est plus que l'ombre de lui-même, il a du mal à marcher ; son pouvoir, comme son corps, s'est lentement paralysé. Le système tient encore grâce au prix du pétrole, mais les événements s'accélèrent. En 1981, les États-Unis élisent Ronald Reagan qui va bluffer avec *Star Wars,* la « Guerre des étoiles ». Officiellement baptisé « Initiative de défense stratégique », ce réseau de satellites initié par Reagan en 1983 a pour fonction la détection et la destruction de missiles balistiques lancés contre les États-Unis. Utilisant les informations de Vladimir Vetrov, alias Farewell, lieutenant-colonel du KGB renseignant désormais l'Occident, Reagan contraint les Soviétiques à s'engager dans une course aux armements trop lourde pour eux. Andropov est conscient qu'à ce rythme la Russie court à sa perte, d'où l'incontournable changement de cap qui va marquer son arrivée au pouvoir. Brejnev décédant d'une crise cardiaque en novembre 1982, il parvient au sommet de l'État avec le soutien de l'armée et de la diplomatie.

A.A. En guise d'épitaphe pour Brejnev, j'observerai qu'à la différence de Khrouchtchev il avait du savoir-faire politique, de la modération (il n'a jamais replongé la Russie dans une affaire comme celle de Cuba), mais il ignorait ce que représentaient le fait d'être secrétaire général et celui d'exercer le pouvoir dans un pareil système. C'est donc avec lui qu'a commencé le délitement de l'autorité qui a engendré la crise.

En ce sens, il est le vrai fourrier de l'extinction de l'Union soviétique, tout en ayant des atouts assurément supérieurs à ceux de son prédécesseur immédiat, semblable en cela à Louis XVI, qui sut prendre de très bonnes décisions, notamment en politique étrangère et dont, à mon avis, la tête est tombée autant pour ses vertus que pour ses faiblesses.

V.F. La première décennie de Brejnev est aujourd'hui réhabilitée en Russie. Sans doute correspond-elle à la hausse du prix du pétrole, mais elle a assuré la vie quotidienne dans des conditions peut-être les meilleures de toute la gestion soviétique. Les magasins ont commencé à se remplir, certaines denrées sont arrivées de l'Occident. Ce n'est qu'un peu plus tard que la corruption, bien que déjà présente, a explosé. Ce fut donc une situation de néostalinisme mou par rapport à celui que tentait d'imposer Chelepine.

Brejnev fut un homme de compromis, dont les velléités de réforme prirent fin en 1968 avec le printemps de Prague. Son système, clanique, assez complexe, laissait à chaque boyard son propre fief, grâce à quoi il se maintenait lui-même au pouvoir, tout en accordant aux républiques une possibilité d'action en matière économique.

On a vu que la seconde partie de son règne, de 1975 à 1982, fut marquée par les liens viscéraux qui s'établirent entre l'économie de l'ombre qui fournissait la moitié de la production dans les grandes villes et les apparatchiks, d'où une corruption omniprésente, surtout dans les républiques. Tous phénomènes auxquels s'est trouvé confronté le triumvirat. Reste que, sans atteindre la popularité de Staline, Brejnev jouit d'une cote supérieure à celle de Khrouchtchev, de Gorbatchev et, de très loin, d'Eltsine.

Intermezzo 1

Alexandre Adler : Et si nous faisions un petit tour d'horizon culturel de l'URSS au temps béni du socialisme ? Les Russes distinguent le Siècle d'or de la littérature et de la culture russes – avec Pouchkine, Lermontov, Gogol, et qui se termine avec Tolstoï – du Siècle d'argent, à la fin du XIXe et au début du XXe siècle, qui commence avec Tchekhov. C'est aussi une période de formidable essor, bien que beaucoup plus amère. La grande épopée romantique du siècle précédent a fait place au scepticisme, tandis que la révolution est en train d'accumuler son énergie, mais ces années ont laissé, notamment en Europe avec Tchaïkovski et les ballets de Diaghilev, de très nombreuses traces.

Si des personnalités comme celles d'Eisenstein, de Maïakovski ou de Meyerhold, par exemple, avaient quelque chose du Siècle d'or, en plus sombre, l'époque brejnévienne, dont on pourra dire ensuite tout le mal qu'on voudra, correspond au Siècle d'argent. C'est en effet une époque où les gens ne croient plus à la politique ni d'ailleurs à grand-chose d'autre. Ils se cherchent, avec un goût de l'intériorité très prononcé, ne travaillent pas beaucoup car le système ne le permet pas, mais discutent intensément entre eux. Tout cela donne l'impression que la Russie s'est arrêtée en chemin pour réfléchir à propos de la voie à suivre, étant précisé que cette pause s'accompagne d'une dégradation constante mais douce-amère de la société et de l'économie.

L'intelligentsia, en revanche, est très active – plus active probablement qu'en France, il existe une grande différence qualitative entre Tarkovski et Godard – et c'est pourquoi elle va prendre le pouvoir avec Gorbatchev. C'est l'époque des grandes œuvres de Soljenitsyne qui dénoncent le goulag, et de Grossman qui, dans *Vie et Destin*, dresse un bilan épique de la guerre, du stalinisme, de ses aberrations et de l'amour que les Soviétiques ont tout de même pu concevoir pour ce régime, ouvrage écrit à la fin des années soixante avec l'ambition d'être le *Guerre et Paix* de la génération de la Seconde Guerre mondiale. Confisqué par le KGB, le manuscrit réapparaîtra mystérieusement, au demeurant en bon état, dans les années quatre-vingt, alors qu'Andropov est au pouvoir. Le cinéma d'Andreï Tarkovski, comme la musique de Boulat Okoudjava ou les poèmes de Vladimir Vissotski sont autant de témoignages un peu âpres de cette découverte d'un monde plus dur, celui de la vraie Russie qui réémerge ainsi des décombres d'une Union soviétique malade.

Vladimir Fédorovski : À ce propos, je citerai mon ami le pianiste Mikhaïl Rudy, pourtant condamné par contumace à une dizaine d'années de goulag pour avoir été l'un des premiers artistes dissidents : « Mes amis français prétendent que sous Brejnev la culture n'existait pas, alors qu'elle était de loin plus intéressante et plus riche que celle de la France, aujourd'hui ! » C'est incontestable : les concerts, la littérature, les discussions, le cinéma ont marqué toute cette époque.

Valentin Kataïev, mon parrain en littérature, connu en France avec sa fameuse comédie *Je veux voir Mioussov*, raconte que lors d'une de ces réunions d'écrivains que

Khrouchtchev avait coutume d'organiser pour boire et discuter avec eux de la façon dont les Russes allaient dépasser les Américains et construire le paradis sur terre, il lui avait demandé : « Allez-vous nous envoyer au goulag ? » Pourquoi ? Parce que Khrouchtchev pratiquait un stalinisme mou, c'est-à-dire qu'il n'expédiait pas les gens au goulag aussi longtemps qu'ils ne bougeaient pas...

A.A. L'Union soviétique présente une caractéristique assez curieuse : elle met les écrivains en prison, alors même qu'ils jouissent de beaucoup plus de prestige que dans nos sociétés. Au pauvre Sartre qui avait bien essayé de se faire arrêter, de Gaulle avait écrit « Cher Maître » pour lui signifier que cela n'était nullement dans ses intentions ! De fait, les écrivains étaient certes lus en France, mais n'avaient pas le prestige que leur accordait cette société sans Parlement ni contre-pouvoir, où le respect traditionnel pour la culture leur conférait une sorte de noblesse dans le régime. Autant les instances intermédiaires ne fonctionnaient pas, autant tous les dirigeants, au premier rang desquels Khrouchtchev, étaient sensibles à ce que pensaient et disaient les écrivains.

V.F. Ossip Mandelstam, grand poète emblématique de cette époque, a très bien formulé tout cela. Sa femme se souvient qu'avant d'être envoyé au goulag, où il mourra, alors qu'elle se plaignait des mauvais traitements que l'Union soviétique réservait à ses écrivains, il avait répondu : « Détrompe-toi, la poésie et la littérature sont ici ce que l'on aime le plus, puisque ce sont ces activités qui justifient que l'on fusille leurs auteurs ! » Cela en dit long sur l'importance accordée à la poésie.

Je voudrais maintenant apporter un petit bémol à tes propos, Alexandre : durant le XXe Congrès, qui fut l'acte fondateur du communisme à la Khrouchtchev, on a vu qu'à la différence de Beria qui a payé de sa vie ses aspirations à sortir du communisme, Khrouchtchev voulait au contraire le réhabiliter, estimant que le marxisme-léninisme était bon, mais que le système avait été dévoyé par Staline. Il était convaincu, en toute naïveté, que la construction était valide et que le socialisme fonctionnait parfaitement.

A.A. En effet. Khrouchtchev, qui était d'accord pour procéder à un certain nombre de réformes, pour que la ballerine Maïa Plissetskaïa et d'autres personnalités du monde culturel puissent voyager, pour que les savants ne soient plus tracassés comme par le passé, refusait farouchement, par exemple, que l'on touche aux kolkhozes. Il avait commencé sa carrière dans la gestion collectiviste de l'agriculture et s'est opposé avec une force extraordinaire à toute décollectivatisation et à toute réhabilitation de Nikolaï Boukharine, liquidé sous Staline comme faisant partie du bloc des droitiers et des trotskistes. Il a fallu attendre Gorbatchev pour passer outre.

Le plus extraordinaire est qu'il soit allé rechercher ce charlatan de Lyssenko, avec ses théories fumeuses sur la génétique végétale, et qu'il l'ait réhabilité en 1961. Pourquoi ? Parce que l'agriculture ne marchait toujours pas et qu'avec sa candeur Khrouchtchev pensait qu'au fond Lyssenko pouvait avoir raison, que l'on devait pouvoir doper la production agricole par la révolution technologique, et tout à l'avenant ! En fait, Khrouchtchev était un croyant naïf, doté d'une certaine humanité que personne ne peut lui dénier…

V.F. Une humanité toute relative ! Staline, en 1937, avait les quotas des personnes fusillées et envoyées au goulag, ville par ville. Or, les archives établissent que, pour le Caucase, Beria a tué pas moins de cinquante mille personnes et que Khrouchtchev, quand il était responsable en Ukraine, a systématiquement doublé la mise. Les archives étaient suffisamment éloquentes sur le sujet pour qu'il ait tenté de les détruire. Khrouchtchev est une personnalité contradictoire et très brouillonne, inculte, avec des contradictions politiques majeures. Il tremble comme une feuille quand il ouvre la porte à la déstalinisation en 1956 lors du XXe Congrès, et fait passer un message totalement illisible en ne livrant qu'une partie de la vérité. C'est un paramètre essentiel qui explique tout ce qui se passera sous Gorbatchev quand les artistes tiendront le langage de la vérité. Aux côtés des personnalités du cinéma et de la littérature que tu as citées, et qui couvrent cette époque de Staline à Andropov, il convient d'ajouter la grande revue intellectuelle *Novy Mir* (le *Nouveau Monde*), qui a publié Soljenitsyne. Revue que lisait toute l'intelligentsia.

Nous voici donc arrivés au temps d'Andropov, qui devient chef du Kremlin en novembre 1982. Oserai-je briser le suspense en affirmant qu'il ne parviendra pas à imposer son programme d'ouverture à la Deng Xiaoping ?

Chapitre IV
L'énigme Andropov

Alexandre Adler : Avant d'évoquer son exercice du pouvoir en tant que secrétaire général, il convient de rappeler les deux expériences fondamentales qu'Andropov a vécues. D'abord le communisme. C'est un communiste convaincu, à l'instar de Khrouchtchev, à cette différence près qu'il est intelligent. Il croit sincèrement que le communisme pourrait être l'avenir de l'humanité. Il est puritain comme on l'était à l'époque et regarde avec effarement l'évolution de la classe dirigeante qui n'aime que les avantages matériels, les femmes faciles, l'alcool, la triche petite ou grande, pour lesquels il conçoit une sainte horreur.

Vladimir Fédorovski : Cela ne l'empêche pas de se façonner une image d'homme moderne en écoutant du jazz et en sirotant de temps en temps un whisky…

A.A. Sans doute. Mais il hait ce laisser-aller général.

V.F. Je repère chez toi une tendance à faire un éloge d'Andropov auquel je n'adhérerais pas forcément. Mais je te laisse poursuivre…

A.A. Sa seconde expérience est Budapest, où il est nommé ambassadeur d'URSS à la fin de l'année 1955. Le XXe Congrès bat son plein. On est en pleine déstalinisation : il s'agit de déboulonner le dictateur hongrois Mátyás Rákosi, stalinien convaincu, qui en a beaucoup trop fait, et de pousser une direction locale « libérale », au sens soviétique du terme. Il commence par s'acquitter de cette mission, mais elle tourne mal. Si bien qu'il se retrouve avec une insurrection populaire sur les bras, avec des dirigeants communistes, choisis ou tolérés par lui, mais qui sont quasiment en train de demander à la majorité d'entre eux d'adhérer à l'OTAN, ainsi qu'avec la menace, à brève échéance, d'un effondrement de l'Empire soviétique, puisqu'au même moment les choses se gâtent en Pologne.

En cet automne 1956, on frôle la catastrophe. L'ancien chef de gouvernement Imre Nagy proclame la fin du parti unique, préfigurant le système véritablement démocratique multipartite. C'est alors qu'Andropov, avec le plus grand sang-froid, « sauve », du point de vue soviétique, *in extremis* la situation grâce au véritable kidnapping d'une personnalité hongroise de premier plan, János Kádár, qui avait été victime du stalinisme. Il le persuade à sa manière, c'est-à-dire en le poussant l'épée dans les reins, de rejoindre les lignes soviétiques pour diriger un gouvernement de reprise en main. Je sais bien que l'analyse est différente si l'on se place du côté des Hongrois, dont les proches sont morts sous les balles.

V.F. Merci de le reconnaître…

A.A. Pour autant, du point de vue de la direction soviétique, Andropov est parvenu à sauver la situation sans retomber dans le stalinisme, ce à quoi plus personne ne croit, et encore moins le pauvre Imre Nagy. Ce dernier a été arrêté par les

Soviétiques et sera pendu un an et demi plus tard au terme d'un simulacre de procès, avec quelques autres dirigeants – étant précisé qu'Andropov était opposé à cette exécution. Il a fait ce qu'il a pu. Et János Kádár, son protégé personnel, remplira finalement un certain nombre de ses engagements, procédant à des réformes économiques de grande ampleur auxquelles on n'a pas beaucoup touché par la suite.

Victime d'un infarctus en 1957, l'ambassadeur Andropov quittera Budapest pour l'Union soviétique, où, élu secrétaire du Comité central, il sera chargé des relations avec les autres pays socialistes. À ce poste, il ne pratiquera pas une politique violente, mais la période qu'il vient de vivre laissera chez lui un traumatisme inoubliable, doublé d'une conviction très ancrée à laquelle personne ne croit encore, à savoir que l'Union soviétique peut mourir.

V.F. C'est même une hantise.

A.A. Les événements de Budapest ne tenaient pas aux particularités du caractère hongrois. Ils pouvaient se répéter à Moscou. C'est cette certitude lancinante qui différencie Andropov des autres dirigeants de l'époque qui, eux, plastronnaient volontiers. En cela, il est d'ailleurs comparable au général de Gaulle.

De fait, le pétainiste moyen (je ne parle pas ici des complices de la déportation) pensait que la France était éternelle et que, comme l'écrira Emmanuel Berl pour le maréchal : « La terre, elle, ne ment pas », la France des campagnes étant comme « un jardin que personne ne pourra jamais altérer ». À l'inverse, de Gaulle pensait que la France pouvait mourir. Il savait, pour avoir vécu en 1940 des événements qui ressemblaient fort au basculement fatal, que si personne ne la maintenait avec une volonté de fer, l'avenir de la France s'achèverait dans une soumission aux Américains, un affaissement dans un inepte régime parlementaire, etc.

Sans être de Gaulle, Andropov croyait lui aussi à l'Histoire. Il pensait que rien n'était jamais acquis, ce qui lui conférait une très grande supériorité par rapport aux autres dirigeants. D'autant que, comme tu l'as souligné, Vladimir, il était parfaitement informé par le KGB qui lui transmettait des rapports quotidiens : tous les voyants étaient au rouge.

D'où cette conviction que les réformes étaient indispensables, mais aussi que la révolution ne pouvait se faire que par le haut. L'entreprendre par le bas incluait le risque d'une anarchie générale risquant d'aboutir à toutes les formes de reprises en main, y compris par une restalinisation. C'est là qu'il n'eût pas suivi Gorbatchev.

On retrouve donc à partir des années 1975-1976, au fur et à mesure que la situation s'aggrave, cette polarité, cet antagonisme entre réformistes et conservateurs de tendance dure que Brejnev, avant son infarctus de 1976, avait efficacement évités. Avec, certes, une intervention en Tchécoslovaquie, mais assez peu de victimes, l'exil intérieur de Dubček dans une entreprise de bois et non pas sa pendaison, toutes choses permettant de considérer que l'on est loin du bain de sang de Budapest. Par ailleurs, et c'est l'un des points forts de sa politique, Brejnev a su maintenir une forme de détente par rapport à l'Occident.

Mais sa santé s'affaiblit, et le voici face à trois techniciens : Andropov au KGB, Gromyko aux Affaires étrangères, Oustinov à la Défense – ce dernier, ingénieur militaire, ayant pour projet de réaliser l'équivalent du Pentagone réunissant la production d'armement et l'armée proprement dite. C'est ce triumvirat qui prend déjà les grandes décisions. Censé faire figure de quatrième dans la partie de bridge, Brejnev ne compte plus. S'agitent alors un certain nombre de secrétaires du Comité central qui entendent reprendre les choses en main avec la même conviction apparente qu'Andropov : sauf à aller dans le mur, la situation ne peut pas perdurer.

Mais c'est là précisément que surgit une absolue divergence : alors qu'Andropov songe aux réformes hongroises et à la ligne de Deng Xiaoping, les autres – ceux-là mêmes qui n'avaient pas été d'accord avec Chelepine en raison de son caractère aventurier, mais qui l'étaient sur le fond – sont partisans de la politique de la main de fer à l'intérieur comme à l'extérieur. Ils veulent remplir les prisons, museler les dissidents, en finir avec les opposants et montrer le poing à l'Occident avant que ce dernier ne « bouffe » la Russie. Tchernenko va devenir leur chef de file.

C'est donc un tournant décisif dans la politique étrangère. Jusqu'au début des années 1970, la ligne stratégique de l'Union soviétique a été la détente : détente avec les États-Unis à travers un système de consultation permanente ; détente avec l'Allemagne marquée par la reconnaissance des deux Allemagnes et leur entrée à l'ONU ; resserrement constant des liens tissés avec la social-démocratie allemande ; normalisation des rapports entre les deux Allemagnes, dont on ne mesure pas encore à quel point elle va miner l'existence de la RDA.

Aussi, lorsqu'on découvre en 1974 que le conseiller Günter Guillaume est un agent de la RDA, donc soviétique, infiltré dans l'entourage du chancelier Willy Brandt (il est le fils d'un médecin de gauche qui a jadis soigné Brandt lorsqu'il a été passé à tabac par les SA), c'est non seulement un scandale international mais un véritable drame qui éclate au sein du Bureau politique. Brejnev en est à la fois furieux et meurtri, réclamant des sanctions contre ceux qui ont mis inutilement en péril la détente en agissant contre Willy Brandt qu'il considérait comme son meilleur interlocuteur.

C'est là qu'Andropov, très fin stratège, détourne le ballon en corner avec l'aide de Markus Wolf, qui est un peu son fils spirituel. Il reconnaît les faits tout en soulignant que la décision d'infiltration remonte à l'époque où Chelepine dirigeait le KGB, lui en imputant ainsi la responsabilité, de sorte que ce dernier, alors encore président des syndicats, est mis à la retraite d'office du Bureau politique.

V.F. La détente est essentielle dans la politique de Brejnev. En France, on pousse le Parti communiste, à qui l'on a déjà demandé de ne pas en faire trop en 1968, à s'entendre avec le président Pompidou. L'antigauchisme du PCF atteint alors son paroxysme.

A.A. Or, partout dans le monde, les paramètres changent. On assiste à l'effondrement des derniers systèmes coloniaux. Au Portugal, c'est la révolution des œillets. En Éthiopie, l'empire du Négus s'achève. En Égypte, l'après-Nasser s'avère catastrophique pour l'URSS. Bien qu'Anouar el-Sadate ait encore bénéficié de l'aide soviétique en 1973 pour franchir le canal de Suez, il tire aussitôt après un trait sur les relations entre les deux pays pour se tourner vers les États-Unis et Israël. Décision on ne peut plus mal accueillie par Moscou, étant précisé que l'Égypte, le plus grand des pays arabes, était la plaque tournante de son influence dans la région. Ce changement, l'URSS le vit comme un échec stratégique d'autant plus cinglant que son ambassadeur au Caire, Poliakov, de même que le KGB et Andropov portaient un regard plutôt favorable sur Sadate. On peut dire que c'est la défaite de tout le parti de la détente.

V.F. Pour autant, il ne faut pas oublier la percée soviétique à l'autre bout du monde, au Vietnam, mais aussi en Afrique. C'est d'ailleurs un mouvement contradictoire…

A.A. … et l'exacte conséquence de la révolution portugaise de 1974 et de la victoire, contre Andropov, de la gauche qui argue que l'URSS manque d'audace et qu'au lieu de courtiser les pays occidentaux qui l'encerclent et sont en train de s'allier à la Chine, elle devrait abattre la carte que préconise de longue date Fidel Castro : celle des révolutions dans le tiers-monde.

La dernière expansion coloniale que l'on ait connue en Afrique est alors celle de l'Afrique rouge de Brejnev : commencée avec l'effondrement des colonies portugaises, l'Angola et le Mozambique, elle se poursuit avec l'Éthiopie. Les Vietnamiens, à leur tour, par hostilité à la Chine, se jettent aussi dans les bras de l'Union soviétique, de sorte que l'on assiste à la formation d'un immense empire néocolonial à côté de l'Europe de l'Est. Finalement, Brejnev fait la même erreur que la France quand cette dernière s'est laissé emporter dans sa conquête de l'Afrique par ce que l'on a appelé la « fascination des kilomètres carrés ». Il n'est toutefois pas le véritable responsable de cette politique, qui résulte en réalité de la conjonction de plusieurs forces.

La première de ces forces, qui a pour elle l'autorité, est la marine. Elle a alors à sa tête un grand chef, l'amiral Gorshkov, un visionnaire qui souhaite doter la Russie d'une vraie flotte, comme il l'avait rêvé au temps de sa jeunesse, et non pas seulement d'une force de défense côtière. Or, seule l'Afrique peut justifier d'entretenir une marine aussi puissante !

Quand Khrouchtchev a commis la folie d'installer des missiles à Cuba, l'URSS ne disposait que d'une flotte de proximité. On a vu que le transport de ses charges nucléaires par des cargos susceptibles à tout moment d'être arraisonnés a conduit à deux doigts de la catastrophe.

Ce projet de Gorshkov est à l'origine du grand programme naval russe, qui n'est pas sans rappeler le tournant de la politique navale allemande, quand le Kaiser, voyant qu'en Afrique du Sud les Anglais battent les Boers et demandant à l'amiral von Bendemann de venir en aide à ces derniers, s'entend répondre : « Majesté, je n'ai pas de bateaux ! » C'est un peu l'objection qu'a formulée Gorshkov aux autorités politiques, lors des événements de Cuba.

S'il y avait eu un affrontement avec les Américains au large des côtes cubaines, outre le risque nucléaire qui a laissé penser que Khrouchtchev était un vrai fou, la possibilité de forcer le blocus par le biais d'un combat maritime aurait pu être envisagée. Mais, en l'occurrence, il était inimaginable pour la Russie de faire face à l'US Navy au-delà de quelques heures. Autrement dit, les Américains pouvaient débarquer à Cuba comme ils le voulaient, faire prisonniers un nombre d'hommes équivalent à celui d'une brigade soviétique et s'emparer des missiles sans que les Russes n'aient d'autre alternative que d'envoyer en représailles une bombe atomique sur New York, ce qui n'était pas la meilleure option…

Aussi, lorsque Gorshkov plaide sa cause pour avoir des forces d'intervention extérieure, avec l'idée également de former des *Marines* à l'américaine, il trouve en la personne de Brejnev, qui a été, on l'a vu, son commissaire politique en Ukraine en 1942-1943, puis à la tête de toute la marine en 1953-1956, un allié de poids. Son projet a été partiellement réalisé : lors d'une parade, en 1975, on a vu des parachutistes, qui portaient auparavant le même uniforme que l'armée de terre, revêtus de maillots marins.

V.F. À l'époque, le complexe militaro-industriel est un véritable monstre, incarné par le ministre de la Défense Oustinov, principal allié d'Andropov, d'où l'ambiguïté de la situation. Cet imbroglio va jouer un rôle tout à fait décisif, pour ne pas dire fatidique, dans notre histoire.

Andropov était hésitant, et Gromyko plus qu'hésitant, sur la position à prendre par rapport à l'Afghanistan, mais il a cédé aux instances d'Oustinov pour des raisons de politique intérieure. Il a commis une erreur majeure en brisant l'accord de Yalta, en agitant le spectre de l'influence soviétique en Afghanistan et en organisant l'assassinat du président Hafizullah Amin, détail peut-être pittoresque, mais non négligeable. Cette idée d'Andropov d'une possible disparition de l'Union soviétique, que tu as très bien formulée, Alexandre, est capitale. Vivant dans cette hantise, sa prise de pouvoir suivra presque de façon logique…

A.A. Oui et non, car s'il y a bien une logique qui pousse Andropov vers la prise de pouvoir, il en est une autre qui tend à l'en écarter. À partir de 1974 et jusqu'aux années 1980, une gauche dogmatique persiste à penser que l'Union soviétique a péché par manque d'audace et qu'elle doit s'engager dans une forme de révolution « à la Chelepine ». Cette ligne est celle que je qualifie de « maoïsme gâteux ». Jacques Vergès en est, en France par exemple, le représentant attitré, de même que Fidel Castro, le Portugais Alvaro Cunhal et bientôt les nouveaux alliés du tiers-monde.

V.F. C'est, on l'a vu, celle du KGBiste et stalinien Chelepine, tête fort bien structurée au demeurant, qui avait proposé en 1959 à Khrouchtchev tout un plan d'expansion de l'Union soviétique, lequel reste un document majeur. Cette proposition a été partiellement mise à exécution avec la percée opérée au Vietnam et en Afrique.

Certes, Andropov s'est montré plus prudent dans sa mise en application que ne le préconisait Chelepine. Cependant, il lui a fallu en tenir compte, tout en suivant la ligne de son ami Oustinov, dont le soutien ne pouvait lui faire défaut dans la partie qui se jouait là. Il n'y avait pas d'opposition à cet activisme, sauf peut-être au sein du Comité central qui posera en réunion restreinte la question très pertinente qui rebondira au grand jour : celle du coût des opérations.

De fait, cela représente un prix exorbitant, surtout pour un pays exténué qui ne peut pas suivre l'aventure. Aussi longtemps que le gaz et le pétrole couvrent la dépense, l'équilibre se maintient mais, très vite, les magasins se vident. Ce qui confirme Andropov dans son idée de la nécessité d'une grande réforme à la Deng Xiaoping en instaurant une ouverture économique, tout en conservant le système politique – lequel impose de tuer, s'il le faut, pour assurer sa pérennité.

A.A. Le noyau dur qui voulait reprendre en main la société en mettant les dissidents au pas et en recréant un camp socialiste fermé, solide, s'appuyant sur les forces nouvelles comme le Mozambique, l'Éthiopie, le Vietnam ou le Nicaragua sandiniste, pour redonner du tonus au pays, mesurait mal que ce dernier n'avait plus la même jeunesse, mais bien l'âge de ses artères.

Un tel programme ne pouvait que conduire au tournant terroriste. Jusqu'alors, l'Union soviétique était hostile au terrorisme et au gauchisme européens, ce qui constituait d'ailleurs un point de divergence avec les Cubains. L'URSS était opposée à la lutte armée en Amérique latine, de même que tous les partis prosoviétiques, sous son influence. Foncièrement, tous les partisans de la manière forte étaient contrecarrés, notamment par Andropov.

Pour revenir à la chronologie, 1975 est une date clé. Les dirigeants communistes soviétiques estiment que, puisque l'Occident veut marquer des points avec leurs dissidents, ils peuvent à leur tour se montrer gênants en appuyant les gauchistes européens, au Portugal, en Allemagne de l'Ouest (la RAF) et en Italie (les Brigades rouges). Markus Wolf, chef de la Hauptverwaltung Aufklärung (HVA), les services secrets extérieurs est-allemands, et homme d'Andropov, avait une idée essentiellement politique de la lutte avec la RFA. Envoyer par exemple des espions dans toute l'Allemagne, notamment des séducteurs pour secrétaires esseulées, cadrait parfaitement avec ses idées. En revanche, il désapprouvait le terrorisme, et bien sûr l'alliance essentielle avec les Palestiniens.

Or, voici que son patron, le général Erich Mielke, ministre de la Stasi, stalinien de première grandeur, avec du sang sur les mains, condamné sous Weimar pour avoir tué deux policiers sociaux-démocrates, nostalgique de la lutte dure, crée une nouvelle section qui échappe à l'autorité de Wolf : c'est elle qui va s'occuper de la Fraction armée rouge allemande.

À la chute du mur de Berlin, on a en effet découvert avec sidération que pas mal de membres de la Fraction armée rouge avaient été réinstallés sous de fausses identités dans des emplois à l'Est, et que d'autres attentats avaient été perpétrés par des groupes de la Stasi qui avaient travaillé la main dans la main avec les mêmes dirigeants de la Fraction armée rouge.

On pense bien sûr aussi aux Brigades rouges italiennes : l'éditeur révolutionnaire Giangiacomo Feltrinelli était en rapport direct avec les services soviétiques, mais pas tous, puisque les conditions de sa mort ne sont pas tout à fait claires : il semblerait que la bombe qu'il a trafiquée lui ait explosé au visage… C'est possible, mais comme on a dénombré plusieurs cas similaires avec des groupes terroristes italiens, on est en droit de se demander si Andropov lui-même n'a pas essayé de mettre le holà au terrorisme des Brigades rouges et aussi aux liens qu'elles entretenaient avec des factions soviétiques qu'il combattait, tout en essayant ainsi de préserver le Parti communiste italien de leur influence dangereuse.

Ce tournant terroriste soviétique comprend donc : 1) le soutien à des forces terroristes essentiellement en Allemagne et en Italie ; 2) le soutien aux communistes portugais pour transformer avec le mouvement des forces armées leur pays en démocratie populaire et mettre la main sur toutes les colonies portugaises ; 3) le soutien à toutes les forces les plus radicales du Moyen-Orient, Palestiniens, Syriens et Lybiens pour compenser la perte de l'Égypte.

C'est en effet le grand moment du dialogue avec le colonel Kadhafi, le moment où le président syrien Hafez el-Assad devient l'allié privilégié de l'Union soviétique et où la sinophobie bat son plein à Moscou. Or, tout cela, auquel s'adjoint l'Afghanistan, va conduire à partir de 1978 à une crise généralisée et à un isolement stratégique de l'Union soviétique. Situation qui conduira un homme comme Georgy Arbatov, proche d'Andropov, fondateur à Moscou de l'Institut des États-Unis et du Canada, à déclarer dans ses conférences : « Il y a aujourd'hui quatre grandes forces dans le monde : les États-Unis, l'Europe, le Japon et la Chine et, depuis l'invasion de l'Afghanistan, nous avons fait en sorte de les coaliser », ce qui est une critique ouverte.

C'est alors qu'Andropov prend la tête d'une coalition complexe comprenant : 1) des personnalités comme Arbatov, qui pensent que la politique étrangère suivie – y compris par Gromyko – part dans tous les sens ; 2) des militaires qui estiment comme le maréchal Ogarkov que l'on dépense les ressources de l'armée dans des bêtises et qu'il faut recentrer l'action sur des priorités comme l'Europe ; 3) des ingénieurs, cadres, techniciens qui, voyant l'état lamentable de l'économie soviétique, jugent qu'il faut changer de braquet ; 4) des responsables du Parti qui, à l'instar de Gorbatchev, souhaitent voir changer les méthodes proprement politiques.

Toutes ces forces réunies forment une coalition majoritaire et c'est ainsi que, logiquement, Andropov, qui a pris le pouvoir au KGB, balaie Brejnev, en 1982.

Intermezzo 2

Vladimir Fédorovski : Même si nous traitons essentiellement des lignes de force qui ont mené à la fin du communisme, nous ne pouvons faire l'impasse sur la guerre en Afghanistan. Pour expliquer les origines du conflit, il faut remonter assez loin dans l'histoire. L'Afghanistan était vu par les Soviétiques comme une espèce de Finlande. Un État sous-développé, mais qui, foncièrement ami, ne représentait pas une menace. Les relations s'étaient forgées sous Staline avec la réception de l'ambassadeur afghan venu s'enquérir de la politique qui serait conduite à l'égard de son pays, question à laquelle Staline avait répondu : « C'est très simple : c'est la politique du poing suspendu qui ne frappe jamais… »

Alexandre Adler : Voilà donc ce qui s'est passé. L'Afghanistan commence à se décomposer au début des années 1970 : le roi Mohammad Zaher est vieillissant et le pays se présente, à l'exemple de ce qu'il est aujourd'hui, comme une fédération de tribus. C'est alors qu'un cousin du roi, le prince Mohammad Daoud, qui fut longtemps Premier ministre et qui attendait dans l'antichambre, s'empare du pouvoir. Il profite d'un voyage en Europe de Zaher, proclame sans la moindre effusion de sang la république, en devient le président, laisse le roi moisir en exil à Rome, toutes choses qui semblent aller dans le sens de l'Union soviétique : Daoud ne change rien à la société afghane, mais est réputé avoir eu l'assentiment tacite des dirigeants russes, qui le croyaient plus à gauche qu'il ne l'était en réalité.

C'est lorsque survient en Afghanistan une famine assortie de difficultés économiques que Daoud change d'avis. Pourquoi ? Parce que le grand pays qui s'occupe depuis toujours de l'Afghanistan est l'Iran, et que le Shah, en échange de son aide, incite le prince à se détourner des Soviétiques pour se rapprocher de l'Iran. Daoud Khan opère alors, en 1977, la volte-face qui lui sera fatale en signant avec le Shah des accords de coopération économique, les Iraniens s'engageant notamment à construire une ligne de chemin de fer pour relier directement Kaboul à Téhéran. On peut y voir une annexion rampante de l'Afghanistan par l'Iran qui est à l'époque l'allié des États-Unis… C'est donc un fiasco pour les Soviétiques. Or, c'est là, me semble-t-il, qu'intervient le GRU, c'est-à-dire le renseignement militaire (et non Andropov).

V.F. C'est absolument certain ! Le GRU intervient en facilitant la préparation d'un coup d'État par les communistes afghans, mais en leur sein coexistent deux tendances qui donnent lieu à des rivalités reposant largement sur des différences ethniques. Distinction qui existe encore de nos jours. Il y a, au nord, les Tadjiks et, au sud, les Pachtouns. Pendant très longtemps, la diplomatie internationale du Parti va tenter de réunir les deux groupes qui se détestent pour des raisons tribales.

A.A. Il se trouve, pour la bonne marche de la propagande communiste, que les Tadjiks s'adjoindront quelques membres de la famille royale. Ils sont fidèles en cela à la vieille tradition stalinienne mise en place par un fonctionnaire du Komintern, Pavel Mif, qui veut que l'on recrute dans tous les pays du tiers-monde des gens de sang royal. Légitimité oblige et impose. Mandela est un roi khosa ; les descendants de la dynastie des Qadjar écartée par celle des Pahlavi en Iran ont rejoint en grand nombre le Parti communiste ; Staline lui-même entretenait de bonnes relations avec la princesse Ashraf, sœur du Shah, laquelle était très prosoviétique.

Toujours est-il que cohabitent deux factions : le Khalq (le peuple) et le Parcham (le drapeau). Moscou impose alors la fusion des deux groupes pour fonder le Parti démocratique populaire d'Afghanistan. Union qui ne fonctionnera jamais, le Parcham étant de tendance modérée et en faveur d'un programme progressif, à la différence du Khalq, gauchiste guévariste, qui ne pense qu'à prendre le pouvoir. Il va de soi que le KGB est derrière le Parcham. Le GRU estime que le coup d'État est d'autant plus envisageable que ses organisateurs peuvent compter, pour le mener à bien, sur le chef de l'armée de l'air, le major général Abdul Kadir.

Exécution militaire. Le 27 avril 1978, les chars encerclent le palais présidentiel, Daoud Khan est tué, le Parti communiste prend le pouvoir, proclamant la République démocratique d'Afghanistan, et, très vite, au grand dam du KGB, les cadres du Parcham sont éliminés au profit du Khalq qui se prétend le grand meneur de la cause révolutionnaire, laquelle va transformer l'Afghanistan en un brasier toujours actif à ce jour.

Le nouveau président de la République et Premier ministre Nur Mohammad Taraki choisit Hafizullah Amin comme vice-Premier ministre. Sans doute y a-t-il un autre vice-Premier ministre de la tendance Parcham en la personne de Babrak Karmal, mais ce dernier sera envoyé trois mois plus tard comme ambassadeur à Prague. C'est avec défiance que les Soviétiques voient cet exil. Ils sentent que les choses tournent mal, mais ne disent rien. Durant ses dix-huit mois de pouvoir, les Soviétiques vont soutenir Taraki contre son Premier ministre Hafizullah Amin, qu'ils jugent à la fois ambigu et trop radical. C'est, à l'évidence, un personnage assez bizarre : pour avoir étudié à Beyrouth, il est proche des gauchistes arabes, mais aussi des États-Unis, ce qui fait naître des soupçons au sein du KGB.

V.F. Il est donc mis sur écoute. On découvre qu'il est bisexuel et, surtout, qu'il a des conversations avec les Américains. Averti de tout cela, le ministre de la Défense Oustinov décide qu'il faut agir et l'éliminer.

A.A. Ce verdict soviétique tient au fait qu'Hafizullah Amin pense, tout en entretenant des rapports avec les Chinois, que l'Afghanistan doit s'ouvrir à l'Occident. C'est donc sur une initiative sino-américaine que le Khalq bascule légèrement. Cela commence à chauffer dans ses rangs. Le président Taraki, chef nominal du Khalq, ayant reproché à Amin sa conduite, est abattu à coups de revolver par ce dernier, qui devient seul maître du pays pour environ trois semaines.

Le coup d'État contre Taraki détermine une réunion d'urgence à Moscou au cours de laquelle il est décidé de faire tomber Amin et d'ouvrir le Parti communiste afghan en faisant revenir d'exil les gens du Parcham, dont Karmal et son épouse.

V.F. La question est étudiée en petit comité. Brejnev, déjà malade, accepte la mise en place de ce que le KGB appelle une « opération spéciale ». L'affaire est conduite de main de maître et en très peu de jours : après avoir introduit un empoisonneur dans les cuisines du palais, on fait intervenir un régiment hyper entraîné : le groupe Alpha. C'est, on l'a dit, l'un des rares exemples où Andropov a donné son aval pour liquider quelqu'un. Amin a été abattu sauvagement au cours de la prise du palais présidentiel. L'opération a été menée durant les vacances de Noël 1978. L'argument qui a définitivement convaincu Gromyko, qui voulait toujours respecter les accords de Yalta, a été celui de la préservation de la stabilité de l'Asie centrale.

A.A. Les accords de Yalta étaient effectivement l'alpha et l'oméga de toute sa politique. Ambassadeur à Washington à l'époque, il en avait été l'un des organisateurs pour l'Union soviétique. Chacun ayant sa zone d'influence, il était convenu de ne pas intervenir au-delà de cette ligne rouge et voilà que, pour la première fois – erreur fatale – les Soviétiques bafouaient ce principe ! Dès lors, l'engrenage était lancé. Les Américains ont soutenu les islamistes insurgés et de quinze mille hommes sur le terrain, on est passé à cent cinquante mille, etc.

L'URSS se retrouve confrontée à une guerre d'assez grande ampleur puisqu'elle fait quinze mille victimes dans ses rangs. C'est la première fois que le contingent soviétique se trouve engagé dans un conflit prolongé et en dehors des frontières du bloc : les interventions en Afrique sont ponctuelles et ne concernent qu'un petit groupe de spécialistes. C'est donc bien le « Vietnam » de l'Union soviétique, et ce tournant des années 1979-1980 marque nettement la fin d'une phase de détente.

V.F. Parallèlement, la confrontation est de plus en plus directe entre le groupe des brejnéviens et le triumvirat qui gère de fait le pays avec l'aval de Brejnev. Dans ces conditions, c'est Andropov qui finit par s'imposer pour assumer la succession, avec le soutien de quelques membres du Politburo, mais surtout l'appui de Gromyko et d'Oustinov. Brejnev se sait condamné et, après moult discussions, il est décidé de retenir un successeur plus jeune – la blague en vogue du moment prétendant que les membres du Politburo, tous des vieillards souffrant d'infirmités multiples, se faisaient porter pour y accéder.

A.A. C'est exactement le problème que l'on retrouve aujourd'hui en Arabie saoudite : à force de toujours nommer un enfant du roi dans l'ordre d'apparition, si Abdallah disparaît, le prochain aura quatre-vingt-quatre ans, son successeur quatre-vingt-six ans, et ainsi de suite ! Comme il faut arrêter ce système, il est probable que la primogéniture n'interviendra pas dans la désignation du prochain jeune prince saoudien.

On tente alors d'éviter en Russie la situation anagraphique que l'on connaîtra par la suite avec Konstantin Tchernenko et sur laquelle ironisera *Libération* en titrant : « L'URSS vous présente ses meilleurs vieux. » Il convient donc que le successeur de Brejnev soit au moins dans la tranche d'âge qu'avait ce dernier lors de son avènement en 1964.

Chapitre V
Gorbatchev : le désir de mort

Vladimir Fédorovski : Je ne minimiserai nullement la volonté de réforme d'Andropov, sauf à observer que son système rejoint partiellement celui de Chelepine et préfigure idéologiquement celui de Poutine. Pour avoir fréquenté Brejnev, je puis affirmer qu'en son for intérieur ce dernier n'a jamais cru au marxisme. À l'inverse, Andropov non seulement y croit, mais considère qu'il faut maintenir le système sur cette voie.

Alexandre Adler : On peut évidemment voir en lui un professionnel du KGB avec tout ce que cela comporte de sinistre, et avoir de lui une image plutôt négative eu égard à l'organisme qu'il présidait. Bien entendu, j'aurais été extrêmement accessible à ce raisonnement si je n'avais compris très vite le drame qui se jouait à la fin des années 1970. Or, justement, il s'est alors passé des choses qui montrent de manière déterminante qu'Andropov est devenu le frein, pour ne pas dire l'obstacle, à la réaction néostalinienne en marche, ce qui, indépendamment de ce que l'on en pense, correspond au rôle qu'il a joué à Budapest.

Bien sûr, tout cela s'est terminé en Hongrie dans le sang et la tragédie, mais il faut bien comprendre – permets-moi de revenir brièvement sur ce sujet – que la tragédie de Budapest

est le dérapage d'une tentative de libéralisation – dans l'esprit du XXe Congrès de Khrouchtchev – qui était censée éliminer les cadres locaux staliniens les plus compromis, et instaurer une sorte de libéralisme mesuré. Le problème est que l'homme qui devait accomplir cette mutation, Imre Nagy, s'est finalement solidarisé avec le peuple insurgé à un moment où toutes les barrières ont été rompues. Superficiellement, l'épisode de Budapest est catastrophique, mais en réalité, on voit bien qu'Andropov, contraint de faire ce qu'on lui demandait, s'est exécuté avec habileté, indéniablement aussi avec brutalité, mais qu'à la surprise générale, au lendemain de la victoire à l'arraché des forces communistes, le nouveau chef de gouvernement János Kádár a reçu un « mandat de gestion », pour reprendre une formule du monde des banques, tout à fait réformateur: manifestement, János Kádár a pu se permettre des écarts par rapport au reste du camp socialiste, qui impliquait qu'il eût des appuis sérieux à Moscou.

Cet appui on le connaît: c'est celui d'Andropov qui lui a accordé une grande latitude pour mener à bien des réformes économiques, à la condition qu'elles ne débouchent pas sur le plan politique, j'en suis d'accord, mais qui tranchaient avec le climat de reprise en main qui régnait partout ailleurs dans les États socialistes.

Celui qui nous permet de bien saisir la pensée d'Andropov, c'est Markus Wolf, le chef des services secrets de l'Allemagne de l'Est. Avec lui – je reviens ici aussi, en quelques mots, sur ce point –, on voit le KGB en Occident se dissocier complètement des tentations terroristes qui étaient celles de Chelepine à l'époque, et tout miser sur la pénétration pacifique du parti social-démocrate en Allemagne, sur l'influence et sur la désinformation. Wolf travaille sur un jeu d'échecs, mais sans faire le choix, à la différence de ce qui était encore la règle avant les années 1970, de la brutalité et de la violence.

Ainsi, Wolf nous indique dans ses Mémoires, et il n'y a pas lieu d'en douter, qu'il a été dépassé par son chef Mielke, à la fin des années 1970, lorsque ce dernier a créé un groupe intérieur au ministère de la Sécurité d'État, sur lequel il n'avait pas prise et qui va devenir le groupe de soutien au terrorisme qui sauvera la bande à Baader et tissera probablement du côté de l'Italie des liens avec les Brigades rouges coiffées par le KGB à travers la Bulgarie, toutes choses qui ne cadraient en rien avec l'optique Andropov. On s'aperçoit que là où il le pouvait, que ce soit en Allemagne de l'Est avec Wolf ou en Hongrie avec Kadar, Andropov ne conduisait pas une politique d'aggravation des tensions. C'est même le contraire.

Enfin, il faut remonter aux origines et bien se rappeler qu'Andropov prend le contrôle du KGB quand on l'enlève à Chelepine, c'est-à-dire au tenant de la ligne la plus dure ; qu'il accompagne, conformément à son mandat, la transformation de l'équipe Brejnev vers une certaine forme de détente à laquelle il est lui-même identifié et que, parallèlement, il assume toute la gestion de l'appareil intérieur de répression, ce qui n'est pas chose facile. On le voit cependant à plusieurs reprises tenter d'infléchir la répression vers des formes « non administratives » en usant notamment des expulsions dont il devient un grand spécialiste, à l'instar du dernier Lénine entre 1920 et 1924.

V.F. Brejnev décédé en novembre 1982, Andropov devient numéro un, secrétaire général du Parti et, en 1983, président du Praesidium. Mais la maladie va le rattraper, lui aussi. Atteint d'insuffisance rénale aiguë et de diabète, il ne reste que quinze mois au pouvoir, et s'éteint en février 1984.

C'est donc maintenant qu'il faut parler de ce voyage voulu par les dieux qui eut lieu quelques années plus tôt : souffrant déjà des reins, Andropov se rendit en vacances dans le Caucase, en cure dans une station balnéaire renommée pour ses eaux ferrugineuses. Il y rencontra le vice-roi du lieu, en la personne du secrétaire fédéral : un certain Mikhaïl Gorbatchev.

Originaire de la région de Stavropol, né en 1931 de parents kolkhoziens, Gorbatchev a étudié le droit à l'université Lomonossov de Moscou où il a fait la connaissance de sa future épouse, Raïssa. À une époque où il existait deux voix royales pour réussir : le KGB ou le Parti, c'est Raïssa qui a poussé son mari à revenir vers son fief natal. Il adhère au Parti en 1952. Dix ans plus tard, il est Premier secrétaire du territoire, puis secrétaire fédéral en charge de l'Agriculture à Stavropol. Sitôt qu'Andropov le remarque, sa carrière part en flèche : il est élu au Comité central en 1971 et au Politburo en 1980. Il a quarante-neuf ans.

Andropov l'a choisi pour successeur. De l'époque où ils se retrouvaient dans le Caucase sous une véranda, dînant d'un potage glacé et d'un poisson de rivière, aux discussions plus serrées à Moscou, jamais il n'y eut entre eux l'ombre d'une divergence. Gorbatchev, qui porte le même diagnostic que le secrétaire général sur le déclin de la Russie, est pleinement d'accord pour suivre la ligne Deng Xiaoping. Et sans doute plus avancé qu'Andropov sur ce sujet, pour ne surtout pas dire un mot d'une éventuelle sortie du communisme. Andropov, malade, n'impose pas immédiatement Gorbatchev. Car si l'armée et le KGB l'y poussent, la vieille garde brejnévienne se montre, quant à elle, très réticente.

A.A. Il est une dimension latente, et qui reste tabou encore aujourd'hui : le problème juif. C'est le secret le mieux gardé, mais qui n'en est pas un véritable. Andropov est juif lui-même, un juif caché et, de ce fait, fort inquiet de l'antisémitisme qui accompagne bien des formes de terrorisme

– sachant qu'avec les Palestiniens les plus durs, l'antisionisme est avant tout judéophobe ; que la détente avec les Américains comporte des conséquences antisémites ; que la reprise en main du pays et la réhabilitation de Staline conduisent elles aussi à l'antisémitisme, ne serait-ce que par justification rétrospective des purges de 1951-1952 au cours desquelles Andropov, de son propre aveu, faillit être arrêté.

Tout cela est pour lui totalement inacceptable. Aussi, au moment où il décide que Gorbatchev sera son successeur, il le teste sur un cas d'antisémitisme patent, exercice dont Gorbatchev se sort à son avantage. L'affaire concernait une série de crimes crapuleux commis par un certain Sergueï Medounov, à Krasnodar où il était secrétaire régional.

Il s'agit d'une province très riche, située au bord de la mer Noire, très active économiquement depuis que s'y étaient réfugiés les juifs de Kiev après le grand pogrom organisé par les Ukrainiens. Cette importante communauté était systématiquement rackettée par Medounov, comme le rapporte à Andropov Gorbatchev qui, après cette dénonciation, déclare à son ami Andreï Gratchev, de qui je tiens l'histoire : « Mon compte est bon ; ma carrière est finie ; je suis un homme mort ! »

Il ne s'était pas gêné pour dire que Medounov était un gangster, qu'il incarcérait systématiquement et torturait des commerçants juifs. Cette affaire a tenu lieu de double test : d'une part sur la corruption, d'autre part sur la capacité de prendre parti contre l'antisémitisme. C'est à partir de là que Gorbatchev a été jugé par Andropov comme un homme fiable.

V.F. Mais il lui faudra attendre encore un an. En avril 1984, c'est le secrétaire personnel de Brejnev, Konstantin Tchernenko, qui prend la place d'Andropov. C'est un personnage mou, insignifiant, baptisé « l'ouvreur de bouteilles », qui fait partie de cette vieille garde qui constitue une alternative au KGB et à l'armée. Gorbatchev, vu comme l'étoile montante, n'occupe encore que la deuxième position. Encore un peu de patience : si Tchernenko incarne un retour au communisme orthodoxe des années Brejnev, il n'est plus qu'un grand malade. Il passera les quelques mois qui lui restent à vivre dans sa chambre d'hôpital et s'éteindra à soixante-treize ans, le 10 mars 1985.

Mikhaïl Gorbatchev arrive au poste de numéro un à cinquante-quatre ans. Un âge presque tendre pour un secrétaire général ! Il va en jouer pour insuffler de la jeunesse à ce vieux pays et tenter de sauver le système par de profondes réformes structurelles. Son éminence grise et principal inspirateur est Alexandre Yakovlev, ancien ambassadeur au Canada.

A.A. L'un de tes grands amis…

V.F. Oui, ce fut la rencontre majeure de mon « exil à Moscou », durant lequel j'ai occupé le poste de chef de cabinet du vice-ministre des Affaires étrangères, Vladimir Petrovski, personnage assez important dans la hiérarchie, lui-même très proche de Yakovlev.

Yakovlev est un intellectuel. Jeune officier, il fut un héros de la guerre pour avoir été l'un des rares fusiliers marins survivants du siège de Leningrad. Né en 1923, il avait alors dix-huit ans. De ses combats, il a conservé à vie une légère claudication, qui lui valut d'être surnommé quelques années plus tard le « Diable boiteux » par l'un des chefs des services spéciaux français. Et c'est vrai que Yakovlev avait l'envergure d'un Talleyrand ! Il faisait partie de ces anciens combattants décidés à rebâtir l'Union soviétique saignée à blanc.

Comme toute cette génération du feu, c'est un homme qui a appris, sinon à désobéir, du moins à n'en faire qu'à sa tête.

Il a tiré les enseignements des années de guerre, quand le contrôle central du Parti a sauté malgré tous les efforts de Staline. On ne peut pas mener impunément quinze millions de soldats à la bataille avec tous les risques que cela comporte et les tenir ensuite comme des moutons. Un critique littéraire, Grigory Svirsky, l'a dit lors d'un des premiers congrès des écrivains de l'après-guerre : « Ce qui les étonnait, c'est que nous n'avions plus peur ; ils ne voyaient plus la peur dans nos yeux ! »

Yakovlev est représentatif de cette génération : il faisait ce qu'on lui demandait, mais ne restait pas toujours dans la ligne. Fort heureusement, il était à un échelon suffisamment élevé pour, à la mort de Staline, être naturellement porté à la promotion à laquelle sa grande intelligence et ses états de service lui permettaient de prétendre. Son ascension sera très importante sous Khrouchtchev. Il devint un partisan actif de la déstalinisation. Sa progression se poursuivit sous Brejnev, ce qui marque bien, au reste, toute l'ambiguïté du régime. Chef exécutif du Kremlin, il dirigea le département idéologique qui suivait les publications. Il jouissait donc d'une autorité indiscutable, même si elle n'était pas toujours visible, comme c'était souvent le cas dans les centres nerveux du Parti.

A.A. À l'époque, au milieu des années soixante, on voit fleurir des publications nationalistes sous la pression d'éléments manipulés de l'intérieur par une aile des services du KGB, alors encore dirigé par Chelepine. Or, le stalinisme ne peut pas revenir en tant que tel. Il doit être « habillé » de nationalisme exalté, teinté d'antisémitisme. C'est alors que Yakovlev, qui n'a jamais rien eu à voir dans sa carrière ni de près ni de loin avec les juifs, commet sous le coup de l'indignation une maladresse, mais aussi un acte de courage remarquable : il demande l'interdiction de ces publications et les menace d'éventuelles poursuites. C'était un pas de trop…

V.F. Exact ! J'ajoute qu'il a été choisi de façon tout à fait atypique pour ce poste clé : il y avait alors deux factions en présence, avec des décideurs relativement indépendants. L'une était menée par Souslov, l'idéologue en chef, l'autre par Andropov, qui était toujours allergique à Yakovlev. Il le soupçonnait sans doute avec raison d'être « anti-soviétique ». Brejnev, avec qui il entretenait pourtant de bons rapports, lâcha donc Yakovlev…

A.A. Il le lâcha à la « brejnévienne », c'est-à-dire qu'au lieu de l'expédier comme directeur d'une centrale électrique en Oural, il lui chercha un point de chute. Or, il se trouve que Yakovlev avait bénéficié, dans le cadre des programmes Eisenhower/Khrouchtchev, des premiers échanges d'étudiants avec les États-Unis. Il va de soi que les jeunes Américains étaient d'authentiques étudiants comme, par exemple, le pianiste Van Clayburn ; tandis que du côté russe, il s'agissait d'artistes un peu plus « sélectionnés ». C'est ainsi qu'ayant passé un an aux États-Unis où il avait acquis la maîtrise de l'anglais, Yakovlev passait pour être un bon spécialiste de l'outre-Atlantique, d'où l'idée de le nommer ambassadeur au Canada. Rappelons qu'à cette époque, quand on tombait en disgrâce, on pouvait finir ambassadeur et bénéficier de postes qui n'étaient pas des plus désagréables…

Yakovlev passa donc la longue période de la stagnation brejnévienne comme ambassadeur d'Union soviétique à Ottawa, avec beaucoup d'autonomie et très peu à faire, dès lors que la politique étrangère du moment était, au Canada, alignée sur celle des États-Unis. Cette situation lui laissa tout le temps d'analyser les choses et de méditer. C'est donc un homme préservé, mais un peu amer, qui se mit à réfléchir, compte tenu de l'extension des symptômes de crise, à la façon de sauver du chaos l'Union soviétique.

V.F. En 1983, Yakovlev a déjà passé dix ans au Canada, où il a de nombreux contacts, notamment le Premier ministre Pierre Trudeau dont il devient l'ami. Parallèlement, à Moscou, au sein du circuit, il marque toujours ses distances avec le KGB et privilégie sa proximité avec le Comité central, où il a recommandé pour le remplacer un jeune apparatchik encore méconnu : Gorbatchev.

Être chef de propagande au Comité central permettait d'avoir une grande influence ; c'était aussi un poste exposé, comme l'avait démontré le cas de Yakovlev. Quoi qu'il en soit, Gorbatchev devient au fil des années une étoile montante du système soviétique et Yakovlev, qui était du sérail, et fort habile en matière de manœuvres et d'intrigues, le voyant accéder quasiment à la place de dauphin, l'invite illico au Canada.

A.A. Gorbatchev se profile comme le candidat des Russes partisans du changement. L'habitude étant d'envoyer le dauphin visiter le monde, on organise son départ. Comme il a très peu voyagé, hormis une excursion à Paris, il profite de l'invitation de Yakovlev pour voir de plus près le Nouveau Monde, et particulièrement cette antichambre des États-Unis qu'est le Canada.

V.F. Quant à moi, ès qualité de chef du cabinet du vice-ministre des Affaires étrangères, je fus au fait des préparatifs de la visite. Ce qui fut dit au cours de ce séjour, je l'appris de Yakovlev lui-même : après les saluts de rigueur que

Gorbatchev lui adressa en le tutoyant, comme il en avait pris l'habitude avec tout le monde, la conversation alla droit à l'essentiel. Yakovlev, évoquant la concurrence avec les États-Unis, déclara tout de go : « Nous allons au désastre. L'URSS ne peut plus supporter la course aux armements. Si nous continuons comme ça, nous risquons la guerre civile, l'apocalypse, et la fin du pays. » Propos inattendus de la part d'un apparatchik soviétique ! Or, Gorbatchev réagit de manière non moins surprenante : « Oui, vous avez mille fois raison ! »

L'une des hantises du Kremlin était une attaque préventive nucléaire, d'où l'opération RYAN – acronyme de Raketno-YAdernoe Napadenie, qui signifie « attaque au missile nucléaire » en russe. Lancée en 1981 par Andropov, alors patron du KGB, cette opération avait pour but de réunir des informations sur une éventuelle frappe nucléaire américaine contre la Russie. Rien de tangible ne venait justifier cette fantasmagorie, cette opération étant finalement la preuve des difficultés des services soviétiques à pénétrer les volontés et les plans du supposé agresseur. Tout au long de son bref mandat, cette chimérique opération RYAN allait demeurer une absolue priorité d'Andropov.

Durant trois ans, l'espionnage de Moscou succomba à ce que son propre ambassadeur à Washington appela une « interprétation paranoïde » de la politique américaine. Personne au sein des services spéciaux soviétiques ne désirant risquer sa carrière en contestant ouvertement l'opinion qui prévalait au Kremlin, on s'efforça de découvrir des informations coïncidant avec les vues d'Andropov qui, lorsqu'il les reçut, les jugea évidemment inquiétantes et en exigea davantage.

Lorsque Ronald Reagan annonça le programme d'initiative de défense stratégique (IDS), plus connu sous le nom de

« Guerre des étoiles », en mars 1983, Andropov y vit une tactique de préparation psychologique de la population américaine à la guerre nucléaire. Il était alors très gravement malade, presque aux portes de la mort. Pourtant, de son lit, il se livra à une dénonciation quasi dantesque de la politique américaine : « Une furieuse psychose militariste s'est emparée des États-Unis, affirma-t-il. L'administration Reagan va si loin dans ses ambitions impériales que l'on en vient à se demander si Washington est encore capable de s'arrêter avant la ligne que toute personne sensée ne doit pas franchir ! »

L'inquiétude du Kremlin allait atteindre un tel sommet que Washington s'émut des efforts du KGB pour déceler les preuves – inexistantes – de ce fameux projet d'attaque nucléaire préventive des États-Unis et de l'OTAN. Les Américains décidèrent donc d'envoyer des « signes » destinés à rassurer le Kremlin.

Lors de leur rencontre au Canada, Yakovlev et Gorbatchev tombèrent d'accord pour admettre qu'il fallait arrêter ce jeu à la fois dangereux et onéreux : les Russes avaient une grande supériorité en matière d'armes conventionnelles, d'où la nécessité de prévoir sur le plan tactique un coup d'arrêt nucléaire.

A.A. Pour autant, l'extension nucléaire occidentale en Allemagne de l'Ouest était une idée de l'OTAN depuis les années cinquante. L'URSS ne cessant d'accumuler des forces conventionnelles en Europe de l'Est et surtout en Allemagne, les États-Unis se trouvaient contraints, pour défendre l'Allemagne de l'Ouest et Berlin, d'assurer une montée en puissance militaire totalement stérile.

C'est Maxwell Taylor, l'ancien commandant des parachutistes de la Seconde Guerre mondiale, qui a inventé la nouvelle théorie dite de la « riposte graduée », avançant que l'arme nucléaire « stratégique » sur laquelle les Américains avaient tablé jusqu'alors n'était pas utilisable en tant que telle, car il était inconcevable de vitrifier Moscou ou Kiev, alors que New York ou Washington étaient à portée des missiles soviétiques. En revanche, il était parfaitement envisageable d'imposer, pendant une période de débordements complets, des tirs nucléaires tactiques sur des forces organisées, divisions blindées ou autres. Ces tirs feraient, bien sûr, de nombreux dégâts, mais d'un autre ordre, ce qui permettrait d'indiquer aux Russes qu'en dépit de leur supériorité un conflit n'aboutirait à rien.

À partir de là, la course aux armements donna lieu à une longue dialectique stratégique, fondement de la stratégie américaine dite de « riposte graduée », qui est en réalité à la base de toute la prospérité européenne depuis les années 1960. Car si l'Union soviétique avait imposé à l'Ouest un niveau d'armement conventionnel équivalent à celui qu'elle s'imposait elle-même, les choses auraient été plus difficiles. Les armes nucléaires tactiques ont ouvert une ère de prospérité sans égale en Allemagne, en France, en Italie, ainsi bien sûr qu'aux États-Unis, où les budgets militaires ont été centrés sur les technologies de pointe et non sur les divisions blindées et les fantassins. Par la suite, la disparition des euromissiles a naturellement engendré une déstabilisation complète du pouvoir soviétique et mené à un affrontement purement politique que l'Union soviétique allait perdre.

Il reste que, jusqu'à la lisière de la mort, Andropov s'est intéressé à l'opération RYAN, convaincu paraît-il que les Américains préparaient un contrecoup susceptible de déboucher sur l'apocalypse mondiale. Passant outre aux menaces comme aux cajoleries soviétiques, les Américains étaient en effet en train d'installer des Pershing II en RFA, en Grande-Bretagne et dans toute l'Europe occidentale. Ce fut évidemment un coup terrible pour l'Union soviétique qui avait menacé l'Occident des pires représailles et ne trouvait rien à répondre.

Or, tout à fait démocratiquement, en Allemagne, Helmut Kohl succéda au pouvoir à Helmut Schmidt en 1982 ; rejoint par l'Italie, François Mitterrand lui apporta son soutien lors d'un discours au Bundestag, le 20 janvier 1983 : « Seul l'équilibre des forces peut conduire à de bonnes relations avec les pays de l'Est, nos voisins et partenaires historiques. Mais le maintien de cet équilibre implique à mes yeux que des régions entières de l'Europe ne soient pas dépourvues de parade face à des armes nucléaires dirigées contre elles. » En octobre 1983, à Bruxelles, Mitterrand précise : « Je suis moi aussi contre les euromissiles, seulement je constate que les pacifistes sont à l'Ouest et les euromissiles à l'Est. » L'Angleterre, quant à elle, resta comme à son habitude derrière les États-Unis.

Andropov, mourant, et qui sentait les choses lui échapper, continua à miser largement sur le développement du mouvement pacifiste en Allemagne, qui atteignait son apogée. C'était là la seule carte qui lui restait, et il craignait beaucoup qu'à sa mort annoncée, Tchernenko ne renoue avec l'affrontement généralisé. Pour ma part, je pense que cette opération RYAN a pu malgré tout lui servir – car il était très finaud – pour tenter de lancer un puissant canard de désinformation de l'opinion allemande à l'encontre de l'installation des missiles et susciter une insurrection du pacifisme allemand, allant bien au-delà de la gauche allemande. C'était là un geste désespéré.

Nous sommes en novembre 1983, période sans doute la plus triste de l'Union Soviétique, où l'on sent que quelque chose s'achève. Andropov s'éteint en février 1984, marquant la fin de cet épisode qui est resté dans les esprits. C'est alors que Yakovlev conseille à Gorbatchev de dégonfler au plus vite toute cette affaire.

V.F. Gorbatchev rendra visite peu après à Margaret Thatcher pour lui présenter l'affaire et lui exposer la paranoïa qui s'est emparée de la direction soviétique. Margaret Thatcher en restera extrêmement impressionnée. Elle dira à Reagan : « Nous avons tenu un langage souvent irresponsable. Nous avons renforcé les tendances les plus agressives. Il convient de communiquer dorénavant beaucoup plus avec les dirigeants soviétiques pour éviter les malentendus ! » C'est au fond la première strate de ce qui deviendra la grande détente.

Tout cela est donc né au Canada. Pour l'anecdote, Yakovlev attendait avec Gorbatchev, sur le tarmac de l'aéroport, un hôte canadien dont l'avion avait pris du retard quand il prononça pour la première fois les mots de *perestroïka* et de *glasnost* (« restructuration » et « transparence »). Engagés dans une conversation seul à seul, sans escorte, songeant à en finir avec la doctrine de Brejnev et avec le partage du monde, les deux hommes employèrent ces deux concepts feutrés et flous qui cachaient leurs intentions réelles : la réforme radicale du collectivisme en économie de marché, la transformation du Parti en parti social-démocrate et l'instauration de la liberté de la presse.

Croyant, Yakovlev allait aussi œuvrer pour la renaissance de l'orthodoxie en Russie. Pour autant, il ne dédaignait pas la ruse. La façon dont il réussit à placer Gorbatchev au Secrétariat général en est un bon exemple. Les livres d'histoire officielle racontent qu'il y eut une vive controverse au Politburo, qui se traduisit le 11 mars 1985 par un vote de six contre cinq. Mais c'est absolument faux !

La veille, tandis que le vieux Tchernenko était à l'agonie, la tendance néostalinienne s'opposait à la tendance pro-Gorbatchev. Alors Yakovlev (directeur de l'Institut d'économie et des relations internationales), qui négociait déjà avec le fils Gromyko (directeur de l'Institut de l'Afrique) et Evgueni Primakov (directeur de l'Institut d'études orientales de l'Académie des sciences), transmit au père Gromyko le message suivant : « Andreï Andreïevitch, vous êtes vraiment le meilleur, vous êtes notre Metternich, vous avez dirigé durant quarante ans notre diplomatie, mais ce n'est pas assez. Il faut que vous soyez chef de l'État, à la tête du Soviet suprême. En nommant un jeune comme Gorbatchev au poste de secrétaire général, vous garderez la haute main sur tout. »

Et Gromyko le crut ! Le lendemain, alors que Tchernenko est mort, Gromyko intervient de façon décisive au Politburo. Il est le patriarche, fédérant trois puissances dont l'alliance s'est opérée à la fin de l'ère Andropov : l'État, le KGB et l'armée. Et il annonce : « J'ai un candidat, le seul possible, un homme avec un sourire affable et des dents de fer : Mikhaïl Gorbatchev. » Contrairement à ce que l'on raconte dans les livres, le Politburo a voté pour Gorbatchev à l'unanimité !

Une fois intronisé, le nouveau secrétaire général a immédiatement marginalisé Gromyko pour éviter qu'il ne devienne la tête pensante du mouvement – lui accordant comme promis la présidence du Praesidium – et l'a remplacé au ministère des Affaires étrangères par un proche de Yakovlev, un ami sûr : le Géorgien Edouard Chevardnadze. En même temps, Gorbatchev ménageait le KGB, soutien efficace dans la lutte pour le pouvoir suprême.

Deux projets de réforme tout à fait inconciliables s'affrontaient toujours : celui du KGB, visant à sauver le système totalitaire, et le projet des réformes radicales, prévoyant la sortie du communisme. Les hommes de la police politique du complexe militaro-industriel ne souhaitaient pas ce genre de relâchement. Ils voulaient une reprise en main nationaliste de l'appareil de production. C'était un groupe que l'on pourrait caractériser de modernisateur autoritaire, dans l'esprit de Vladimir Poutine aujourd'hui.

Bien plus tard, Yakovlev me confia : « Nous avons voulu garder notre influence sur le Parti, mais en oubliant un peu trop le KGB, ce véritable État dans l'État, l'adversaire le plus dangereux des réformes. » Quoi qu'il en soit, Gorbatchev gouvernait en comité restreint, avec le soutien de sa femme Raïssa. De fait, Gorbatchev avait un tempérament ambigu, un peu artistique, et un si fort désir d'éviter les conflits et de trouver des compromis qu'il pouvait dire tout et son contraire – trait de caractère qui s'explique par son adhésion précoce à la social-démocratie et l'attachement qu'il lui a conservé en son for intérieur. Gorbatchev est resté marqué par le printemps de Prague et par son amitié pour Zdenek Mlynár, tête pensante des réformateurs tchèques…

A.A. Oui, le jeune compagnon de chambrée de Gorbatchev à l'université de Moscou, idéologue du Parti, devenu à son retour en Tchécoslovaquie, avec Dubček, le véritable concepteur du printemps de Prague. Il a toujours dit du bien de Gorbatchev qui a indéniablement subi son influence.

Cela étant, je ne suis pas tout à fait d'accord avec toi, Vladimir, quand tu taxes Gorbatchev de social-démocrate. La vérité est que Gorbatchev – c'est en quoi on ne saurait lui reprocher ce qu'il a été – a réalisé la concrétisation monstrueuse et touchante à la fois des rêves de l'intelligentsia communiste dont je faisais partie. Que voulions-nous ? Quelque chose d'assez simple, finalement. Nous luttions depuis la mort de Staline pour obtenir plus de libertés, plus d'ouverture, des réformes économiques, une coexistence pacifique avec les États-Unis, mais en souhaitant conserver les espérances communistes d'une société égalitaire, ce qui excluait toute transformation de la matrice.

Convaincue que les intellectuels seraient toujours discrédités aux yeux des masses influencées par les réactionnaires staliniens, cette intelligentsia souhaitait surtout avoir un dirigeant issu du peuple, du cœur même du Parti, mais avec une pensée d'intellectuel... Or, Gorbatchev est un homme clivé. C'est même exactement cet homme auquel nous avons tous rêvé. Il est convaincu que le système doit profondément changer : dans un moment d'affrontement avec un membre du Politburo, Egor Ligatchev, il ira jusqu'à faire référence à la révolution culturelle en Chine. Il déchaînera donc les masses en faveur des réformes, mais sans cesser d'être un pur fruit de la promotion communiste traditionnelle. Il a au reste obtenu la médaille de héros du travail socialiste dès 1946 et ne cesse de rappeler son passé et son origine « rouges ». En vérité, il a toujours cru au communisme. Par son mariage avec Raïssa, il a certes été admis dans l'intelligentsia, tout en conservant une sensibilité populaire, séduisant Andropov parce qu'il était un homme du peuple authentique, avec des racines paysannes et rouges.

Comme il était cultivé et qu'il avait un pied dans la Russie profonde, on attendait de lui une synthèse qui ne s'est jamais produite. L'émulsion n'a jamais pris. Il y a toujours eu deux hommes en un : un fervent défenseur du communisme et un libéral profond. Cette scission l'a empêché de gouverner même si, dans un premier temps, la perspective de synthèse ayant eu un effet immédiat non seulement sur les Russes mais dans le monde, il est devenu l'homme le plus estimé de la terre. Petit à petit, confronté aux difficultés, il n'a pas su trancher.

Bref, Gorbatchev était un homme pétri de contradictions, dont j'ose dire que nous l'avons voulu tel. Il est le résultat d'un processus social, l'aboutissement de vingt ans de contestation au sein même de l'intelligentsia communiste en Russie, comme ailleurs, pour sortir de cette situation tout en conservant ce que nous pensions être l'acquis, celui de nos combattants de toutes nos guerres, Madrid, Stalingrad, Paris, Berlin.

V.F. Gorbatchev était contradictoire comme la vie peut l'être…

Le rôle de Raïssa fut effectivement essentiel. Elle lui a donné accès à l'intelligentsia, et une symbiose s'est instaurée entre elle, son époux, Yakovlev et, dans une moindre mesure, le ministre des Affaires étrangères Chevardnadze. Son père a été au goulag, tout comme le père de Gorbatchev qui y est resté un an et demi avant de bénéficier d'une amnistie. Gorbatchev, on l'a dit, l'a rencontrée à l'université Lomonossov de Moscou, où il suivait un cursus de droit. L'établissement était truffé de collaborateurs du KGB, auquel il n'était d'ailleurs nullement allergique. Ce n'est qu'au fil du temps qu'il est devenu antistalinien.

A.A. Raïssa, qui deviendra la protectrice des arts et des lettres, avait des goûts culturels beaucoup plus marqués que son futur mari, d'où l'influence qu'elle exercera sur lui : elle lui a fait lire Soljenitsyne à Stavropol où elle enseignait à l'université – un bien grand mot pour cette petite ville – et où elle a rencontré l'économiste Gavriil Popov, qu'elle poussera à devenir maire de Moscou.

Sa famille est très marquée par la déportation. Son père a participé à la construction du canal de la mer Blanche, tout comme un personnage que l'on verra apparaître dans la vie culturelle russe, le professeur Likhatchev, éminent médiéviste, avec qui il s'est lié d'amitié. Ce dernier était un peu le

Georges Duby soviétique, grand défenseur de la Russie traditionnelle, mais libéral. Raïssa est donc issue d'un milieu qui nourrissait beaucoup plus de doutes sur le système que ne le faisait Gorbatchev.

Reste un point, pour moi mystérieux, sur lequel j'aimerais obtenir des éclaircissements. Lorsqu'en début de carrière Gorbatchev est envoyé dans sa province natale à Stavropol, il a pour patron un certain Fyodor Koulakov, secrétaire à l'Agriculture, plutôt sectaire et proche de Souslov. Or, Koulakov et Gorbatchev, alors chef des Jeunesses communistes, ont été condamnés juste avant la chute de Khrouchtchev pour avoir manifesté de la tiédeur dans la campagne de déstabilisation après le dernier congrès de Khrouchtchev. Je ne pense pas que Gorbatchev ait épousé sa position, mais Koulakov, qui était sans nul doute intelligent et capable, mais pas très libéral, n'en était pas moins le protecteur de Gorbatchev…

V.F. Bien sûr, mais il était aussi de Stavropol !

A.A. Oui, de même que Soljenitsyne et Andropov : c'est étonnant comme cet endroit a pu servir d'incubateur de la crise finale ! Une chose est sûre : Koulakov s'est suicidé, son geste n'a jamais été élucidé et c'est à la suite de cet événement que Gorbatchev l'a remplacé. Que s'est-il passé ?

V.F. Tout d'abord, comme la plupart des Russes, Koulakov buvait beaucoup. Cela faisait scandale dans la famille, sa femme l'accusant de tous les maux, de sorte qu'il semble s'être supprimé pour des raisons d'ordre essentiellement personnel. C'est donc une conjonction de circonstances qui a conduit Gorbatchev, alors, il faut bien le dire, benjamin insignifiant, au Bureau politique : c'est là qu'Andropov l'a poussé, trouvant en lui un homme issu du milieu populaire, qui n'appartenait pas au KGB et qui était acquis aux idées de réforme – mais de réformes dans l'ordre. Il avait proposé à Oustinov de prendre la tête du Parti, lequel s'est désisté au profit de Gorbatchev. Ainsi, Gorbatchev s'est appuyé sur le KGB et l'armée d'un côté et, grâce à Raïssa, sur l'intelligentsia, *via* Yakovlev, de l'autre.

A.A. Le KGB et l'armée qui avaient été les alliés structurels d'Andropov vont d'ailleurs essuyer des défaites politiques majeures lors de la mise en œuvre de la *perestroïka*. Deux personnalités très proches d'Andropov, notamment, seront éliminées : Haïdar Aliev et Egor Ligatchev. Aliev était le patron des communistes d'Azerbaïdjan, musulman de langue turque, par ailleurs très hostile à l'islamisme. Dans l'esprit d'Andropov, il était appelé à devenir Premier ministre de l'Union soviétique pour faire l'équilibre des nationalités. En 1987, Gorbatchev le contraindra à démissionner du Politburo et de la direction du Parti communiste d'Azerbaïdjan pour « raisons de santé ». Destitué de toutes ses fonctions, il vivra à Bakou dans une sorte d'exil intérieur. Ce qui ne l'empêchera pas, une fois la république d'Azerbaïdjan devenue indépendante, de revenir aux affaires comme président de son pays de 1993 à 2003.

V.F. Il était particulièrement détesté par le courant nationaliste grand russe dont faisait partie Egor Ligatchev, venu de Sibérie, qui sera lui aussi éliminé. S'il fut au début en bons termes avec Mikhaïl Gorbatchev, bénéficiant de sa protection, Ligatchev se montra par la suite assez critique face aux nouvelles orientations politiques. « Pas conservateur, réaliste ! » proclamait-il. Issu d'une famille de vieux-croyants, il joua un rôle négatif dans la suite des événements, entraînant Gorbatchev dans de fâcheuses croisades. Il était très hostile à la débauche et à l'alcool, ce qui n'est évidemment pas un mal en soi, à condition de savoir raison garder...

A.A. Ingénieur de formation et défenseur de la morale au point de prohiber la vodka dans sa province, Ligatchev avait construit de main de maître, et dans les délais impartis, la ville académique, cité satellite de Novossibirsk, dans les années Khrouchtchev, quand on voulait doter la Sibérie d'une vraie capitale. C'était un endroit mythique pour l'intelligentsia soviétique : en raison de son éloignement, les intellectuels y jouissaient d'une grande liberté. De nombreux physiciens et mathématiciens y avaient élu domicile. C'est à la faveur de ce chantier qu'il avait assis sa crédibilité, ce qui lui valait, avec une certaine ambiguïté, de passer aux yeux de certains pour un ami des intellectuels. Or, c'était surtout un vieux-croyant et un antialcoolique militant.

La qualité de « vieux-croyants », ou de « vieux-ritualistes », remonte au XVIIe siècle quand s'est opérée une réforme de l'orthodoxie russe dans un sens occidentaliste. Il y eut alors une scission, le Raskol (« schisme » en russe), entre les rénovateurs et ceux qui refusaient toutes les innovations liturgiques qu'ils prenaient pour un ralliement au catholicisme.

Pierre le Grand avait le plus grand mépris pour l'orthodoxie officielle, considérant que la religion n'était qu'un tas de superstitions qui maintenaient le peuple dans son ignorance. Il avait en matière religieuse des idées très réformatrices. Il supprima ainsi la fonction du patriarche, qui était le second personnage de l'État, pour la remplacer par une sorte de ministère des Affaires religieuses, le Saint Synode, calqué sur le système luthérien. À cela s'ajoutèrent quelques autres réformes tendant à beaucoup plus rapprocher l'orthodoxie de certaines formes de protestantisme que du catholicisme.

Ces changements suscitèrent de très fortes résistances au sein de la hiérarchie orthodoxe. À quelques exceptions près, ses membres ne sont pas allés jusqu'à la révolte en raison de leur dévouement au Tsar, mais les *raskolniki* qui refusaient toute nouveauté, et qui étaient très réactionnaires, sont d'une certaine façon devenus des protestants de l'orthodoxie – c'est-à-dire des chrétiens refusant la soumission au pouvoir central. À la fin du XIXe siècle, les vieux-croyants se sont d'ailleurs souvent retrouvés à gauche, en raison des persécutions qu'ils subissaient.

V.F. Comment pouvait-on se dire vieux-croyant dans un pays comme l'URSS où l'on était censé ne pas faire référence à la religion ? Cette appartenance n'était jamais affichée, mais dans la pratique, personne ne l'ignorait. L'allergie à la corruption, à l'alcool, à la débauche en était un signe patent. C'est une minorité qui a établi ses convictions sur une base culturelle très forte, cette forme de protestation perdurant plus que la religion majoritaire qui est, somme toute, assez indifférenciée. À cela s'ajoute le fait que l'anticléricalisme des années 1920 et 1930 en Russie s'en prenait essentiellement à la seule église orthodoxe.

A.A. Les vieux-croyants, qui n'ont jamais été reconnus, n'étaient finalement pas des ennemis du régime, mais plutôt, par leur traditionalisme un peu puritain, le ciment du pouvoir nouveau après la révolution d'Octobre. Ils ont donc bénéficié à ce titre d'une très grande tranquillité durant toute la première période du système soviétique. Tel a été le cas pour la génération de Ligatchev qui, naturellement communiste, bien qu'originaire d'une famille de vieux-croyants, avait conservé cette prégnance morale et intellectuelle. L'exemple le plus connu est celui de Souslov, type de ces vieux-croyants établis essentiellement dans les provinces de la Volga, des Terres noires, de la Sibérie, du nord du Caucase, de Stavropol.

V.F. Pourquoi en sommes-nous venus à parler de cela? Parce qu'il fallait bien distinguer les deux tendances politiques qui coexistaient: la tendance brejnévienne et la tendance andropovienne, d'où vient Gorbatchev. Dès que ce dernier arrive au pouvoir, il agit assez rapidement, écartant tous les hommes de Brejnev, et 80 % des secrétaires fédéraux. Il y avait là, des deux côtés, pas mal de naïveté à penser qu'il suffisait de virer les hommes corrompus et de les remplacer par des personnes efficaces pour que le système marche…

Très vite, Gorbatchev prend deux décisions qui s'avéreront fatales. Premièrement, il fait un grand ménage, ce qui lui vaut des inimitiés. Deuxièmement, poussé par Raïssa et Ligatchev, il mène une campagne antialcoolique drastique, ce qui lui vaudra le sobriquet de « Secrétaire minéral », parce qu'il ne buvait que de l'eau.

A.A. Cet épisode me rappelle une histoire qui met en scène le maréchal Joukov, le vainqueur de Berlin. Un jour, il convoque un type complètement éméché et lui dit: « Colonel, vous êtes une honte pour l'Armée rouge. Pourquoi ne pouvez-vous pas vous contenter de boire comme tout le monde une bouteille par jour? Pourquoi vous en faut-il trois? »

Si Gorbatchev en était resté à ses idées simples, il se serait évité des problèmes supplémentaires, avec sa lutte contre l'alcoolisme qu'il a menée en dépit du bon sens. La prohibition de la vodka a causé de nombreuses victimes parmi ceux qui, incapables de s'en passer, consommaient de mauvais alcools faits maison, les « samogon ». On ne compte pas les gens devenus aveugles à la suite de cette affaire qui s'est avérée catastrophique en terme de santé publique.

V.F. Reste, pour en revenir à notre chronologie, que Gorbatchev a bénéficié dans les premiers temps d'un formidable « état de grâce », préparé par Yakovlev, ami des intellectuels et orateur de talent : c'était un fabuleux prestidigitateur face aux médias, doublé d'un observateur formé à l'école nord-américaine. Pour discréditer Grigori Romanov, classé parmi les « durs » du Parti, et principal rival de Mikhaïl Gorbatchev dans la lutte pour la direction en 1985, par exemple, ils ont fort habilement joué du parallèle entre lui et le tsar…

A.A. Oui ! En faisant circuler l'information selon laquelle Grigori Romanov, lorsqu'il était secrétaire du Parti à Leningrad, avait sorti de l'Hermitage de la vaisselle impériale aux armes du tsar pour le mariage de sa fille et que, dans la liesse, pour fêter l'événement, comme lui et ses convives avaient beaucoup bu, ils l'avaient partiellement cassée. Cette histoire est-elle vraie ou totalement inventée ? Une désinformation probablement, mais qui a circulé dans toute la Russie…

V.F. Bref, les premiers mois de pouvoir de Gorbatchev ont été marqués par un remarquable enthousiasme du pays. Le premier message qu'il envoie s'inscrit strictement dans la ligne d'Andropov : accélérer les réformes et limoger les corrompus. Des procès spectaculaires s'engagent et, dans les premiers temps, tout se passe merveilleusement bien. C'est après que cela se corse…

Chapitre VI
L'heure de vérité

Alexander Adler : C'est alors, Vladimir, que ta propre carrière diplomatique change du tout au tout…

Vladimir Fédorovski : Oui. Mais avant de dérouler la suite des événements, je tiens à préciser que, contrairement à ce qu'affirme encore souvent la presse occidentale, je n'ai jamais été le porte-parole ni le conseiller de Gorbatchev, non plus que de Boris Eltsine. À vrai dire, je n'ai jamais accepté les volte-face du premier ni les évidentes « insuffisances » de la personnalité du second. Ce qui n'enlève rien à leur importance historique : ils ont assuré la sortie du régime totalitaire sans effusion du sang.

En 1985 donc, je quitte Moscou pour Paris ès qualité de conseiller à l'ambassade d'URSS, où je suis chargé de promouvoir la *perestroïka* en Occident. Ancien chef de cabinet du ministre Petrovski et en étroites relations avec Yakovlev, je suis doublement couvert pour mener à bien ma mission.

Notre ambassadeur à Paris était Yakov Riabov, homme du complexe militaro-industriel, ancien vice-Premier ministre et, surtout, ancien secrétaire du Comité central, qui n'ignorait rien de la situation réelle de la Russie. Le moins que l'on puisse dire est qu'il sortait des cadres conventionnels : il arborait un énorme tatouage, il était vêtu le plus souvent d'un maillot à rayures et d'un blouson de cuir, y compris pour rencontrer Mitterrand, ce qui ne l'empêchait pas de savoir parfaitement porter le costume. Un homme fort intelligent, notre nouvel ambassadeur, doublé d'un travailleur acharné et lucide…

A.A. Une force de la nature, aussi. Extrêmement compétent, il avait été le patron de toute l'industrie de Défense, c'est-à-dire de la moitié de l'industrie soviétique, au point que d'aucuns pensaient qu'il succéderait à Brejnev. C'est lui qui, lors de son départ de Sverdlovsk pour Moscou, avait désigné Boris Eltsine pour lui succéder.

V.F. Il me confiera plus tard que cela avait été l'erreur de sa vie ! Il avait son franc-parler. Selon lui, les hommes pour lesquels je travaillais s'imaginaient qu'il suffisait de virer quelques incapables pour changer le cours des choses, mais ne connaissant rien à l'économie ni à l'empire, ils allaient ruiner le pays. « Si tu veux les défendre, libre à toi ! » m'avait-il asséné d'emblée. Cela étant, il ne m'a jamais empêché de promouvoir la *perestroïka*.

Étrange période… Au début, la liberté de mes propos me rendait suspect aux yeux de beaucoup. Restant campés sur les schémas anciens de l'Union soviétique, les Français ne saisissaient ni ma position ni mon discours. Mais toi, Alexandre, tu as été l'un des seuls à mesurer l'ampleur du changement qui s'amorçait.

A.A. De fait, il fallait faire passer l'idée que ce n'était ni une opération bidon ni une mise en scène de plus.
L'adhésion aux idées nouvelles a été rapide du côté de Mitterrand, du Parti socialiste et de l'opinion publique. En revanche, dans les journaux, les spécialistes parlaient d'une

opération « cosmétique », laissant entendre qu'il s'agissait d'un maquillage. De très nombreuses personnes, notamment celles qui avaient connu la Russie d'avant, faisaient preuve de la même défiance et croyaient à une nouvelle campagne de propagande.

V.F. Je suis fier du rôle que j'ai joué alors. J'étais très motivé, car je savais que mon travail allait avoir une importance décisive, notamment pour faire évaluer « par ricochet » la situation à Moscou. Aussi, je ne ménageais pas ma peine : j'étais sur tous les plateaux de télévision, je passais de « Sept sur Sept » aux émissions d'Elkabbach, j'accordais des entretiens dans les journaux et je participais aux débats à la radio... Pour évoquer l'Union soviétique et ses changements, les journalistes avaient pris le réflexe de faire appel à moi.

À l'époque, je suis tombé d'accord avec Danielle Mitterrand pour considérer qu'il était primordial, si l'on voulait changer l'image du pays, d'y faire revenir des figures symboliques, au premier rang desquelles les artistes. J'ai donc rencontré Rudolf Noureïev dont la mère était mourante. En me voyant, il a d'abord pris peur, croyant se trouver embarqué dans une affaire louche. En tournée en France avec le Kirov de Leningrad en 1961, il avait demandé l'asile politique une fois arrivé à l'aérodrome du Bourget. Sitôt libre, il avait été engagé dans les Ballets du marquis de Cuevas, puis il connut une brillante carrière, notamment avec le Royal Ballet de Londres, puis à la direction de la danse de l'Opéra de Paris.

Au début de l'année 1963, il avait réussi à faire passer un message invitant sa mère à venir le voir. Les autorités soviétiques s'y étaient opposées. « J'ai beaucoup souffert... » m'a-t-il avoué, affirmant toutefois qu'il ne retournerait jamais dans son pays, même s'il n'était pas parfaitement heureux en France. Je suis pourtant parvenu à l'apaiser, en lui procurant toutes les garanties nécessaires, et il a accepté de revenir en Russie. Il a enfin pu revoir sa mère, et le parfait déroulement de son voyage, accompagné de quelques personnalités françaises incontournables, a fait oublier sa condamnation par contumace à quinze ans de goulag. En 1989, il était de retour sur la scène du Kirov, après vingt-huit ans d'exil…

Noureïev a ouvert la voie au retour de dissidents fameux, comme le pianiste Mikhaïl Rudy. C'est par le biais de Danielle Mitterrand, rencontrée après un concert, qu'il a pu rentrer en Union soviétique. L'épouse du président de la République a pris personnellement contact avec Raïssa Gorbatchev. C'est ainsi que, malgré sa lourde condamnation, lui aussi, par contumace, il a pu atterrir à Moscou. « Je suis passé de l'autre côté du miroir », dit-il pour décrire cet exceptionnel instant. Son père et sa mère l'attendaient à l'aéroport. Il était de retour dans « ce pays familier jusqu'aux sanglots », comme le chantait le poète Ossip Mandelstam.

À l'inverse, il m'a fallu parvenir à faire sortir Sakharov d'URSS. C'est mon ami Okoudjava, notre Brassens russe, qui est intervenu auprès de lui pour le convaincre d'entreprendre le voyage. J'avais organisé une conférence de presse qui allait devenir mémorable : la salle, prévue pour mille cinq cents personnes, en accueillit le double, sans parler des télévisions venues du monde entier pour voir et entendre Sakharov parler en liberté. « Vous risquez… Je risquerai avec vous ! » m'a-t-il dit devant le parterre des journalistes. Et par la suite, plus personne n'a décliné mes invitations !

A.A. Fantastique attrait qu'exerce Paris sur les Russes… Le jeune Gorbatchev, alors qu'il n'était encore que secrétaire régional à Stavropol, a eu le privilège d'y venir en délégation.

Comme il découvrait la ville du haut de la tour Eiffel, le Champ-de-Mars, la circulation, il s'est exclamé : « Cela va être difficile de faire la révolution ici, dans ces conditions ! »

V.F. Ce qui était passionnant, c'était la révolution mentale que ce mouvement suscitait. Mais la découverte de l'Occident, avec sa liberté et, surtout, sa suffocante opulence, a également eu des effets dramatiques, poussant certains à se suicider lorsqu'ils ont compris à quel point on leur avait menti.

A.A. D'où cette histoire qui circulait en Russie : « Comment as-tu trouvé le capitalisme ? – À l'agonie ! – Alors, c'est une belle mort ! »

V.F. En même temps, tous ces gens qui n'étaient guère sortis de chez eux entretenaient de grandes illusions en pensant que l'Occident soutiendrait radicalement leurs efforts. Gorbatchev était à la fois un grand naïf et un formidable manipulateur ! Il imaginait qu'il suffisait de prendre le Kremlin pour venir à bout du système totalitaire. Il croyait que l'Occident lui apporterait une aide décisive. Erreur majeure, à la fois pour la Russie et pour l'Union européenne, car ce n'est pas ainsi que les choses vont se passer…

D'abord, la *perestroïka* ne fonctionne pas comme prévu. Yakovlev préconise instamment une sortie du système comme seul moyen d'éviter un bain de sang et une guerre civile. L'arrivée de Gorbatchev résulte d'une lutte intérieure pour le pouvoir. Elle représente une chance historique dès lors que se cristallisent les tendances nostalgiques (pour ne pas dire néostaliniennes) de Ligatchev, soutenu en cela par le KGB dirigé par Viktor Tchebrikov, qui a succédé à Andropov à ce poste en 1982 – les années avaient passé et il avait fallu songer à le remplacer, lui aussi…

Gorbatchev joue alors merveilleusement bien son rôle, dans le sens où il entretient une totale ambiguïté. Il s'entend avec les réformateurs avant d'imposer sa politique, mais il ne parvient pas à aller jusqu'au bout de sa logique. Il sous-estime les problèmes de l'empire et surtout la dimension économique de la crise russe, croyant disposer des atouts pour en venir à bout. Dans la ligne du système hérité de Staline, il est convaincu qu'il faut non pas laisser le Parti en liberté – le « monstre » comme l'appelle Yakovlev – mais le maîtriser, tout en procédant prioritairement aux transformations politiques, puis médiatiques, afin d'assurer sa popularité à l'étranger et de s'attirer le soutien de l'Occident. Ce programme n'avait guère de chance d'aboutir.

L'ambassadeur à Paris, Yakov Riabov, l'avait d'ailleurs prévu dès le début, quand il me disait de l'équipe Gorbatchev qu'elle ne connaissait rien au fonctionnement de l'« économie réelle » de la Russie... Un jour, il s'était exclamé : « C'est foutu pour vous, Gorbatchev & Co ! » Comme je lui avais demandé pourquoi, il m'avait répondu : « Parce que le prix du pétrole baisse ! » Propos risqué, eu égard à l'époque. Mieux valait alors ne s'exprimer qu'en privé, et surtout hors de Russie !

A.A. Cela me fait exactement penser à Régis Debray racontant comment il avait découvert Che Guevara qui, dans la jungle en Bolivie, développait une sorte de folle théorie idéaliste sans aucun rapport avec la réalité.

V.F. Pour autant, je considère Yakovlev comme un envoyé de la Providence, qui a pressenti que les choses pouvaient mal se terminer. Quand on lui a objecté que la sortie du système pouvait entraîner la perte de l'Asie centrale et de la Kirghizie, il a rétorqué : « À quoi bon les conserver ? À quoi nous servent-elles ? » Il a posé la question essentielle du coût de l'empire. Deux tendances se dessinent alors.

L'exaspération monte au Politburo entre Yakovlev et Egor Ligatchev qui se radicalisent contre la *perestroïka.* Yakovlev appelle à une transformation du système politique – l'intelligentsia, dans son esprit, devant soutenir Gorbatchev, d'où une ambiguïté puisque ce dernier reste le secrétaire nomenklaturiste tout en devenant chef de l'opposition à un régime ancien, qu'il prétend à la fois faire sauver et symboliser !

Le ministre des Affaires étrangères Edouard Chevardnadze entrevoit quant à lui un possible échec, mais estime qu'il faut jouer le tout pour le tout, non seulement dans l'intérêt de la Russie, mais aussi dans celui d'autres pays comme ceux de l'Union européenne, en nourrissant toujours l'illusion fatale d'une aide occidentale.

Les communistes ont dit de Yakovlev qu'il était le messager du Mal. N'est-ce pas, par antithèse, le plus bel hommage que l'on puisse rendre à un messager du Bien ? L'une des donnes majeures de son action fut en tout cas d'apporter au pays une parole de liberté.

A.A. À la mort de Staline, on avait commencé à dire un peu la vérité, d'où cette célèbre plaisanterie : un professeur écrit au tableau 2+2 = 5. À l'élève qui tente de le corriger, il répond : « Ah bon, vous voulez revenir à l'époque de Staline où 2+2 égalaient 7 ? »

L'idée de Yakovlev fut de réintroduire des libertés politiques à travers la liberté de presse et d'expression. Cela, on le lui doit. Et à personne d'autre. Quant à Ligatchev, il prononce début 1987 – une grande année d'incertitude – un discours à Elektrostal – cela ne s'invente pas ! – dans la banlieue industrielle de Moscou, où il condamne tous les excès de la *perestroïka* et appelle à une reprise en main. Dans cette affaire, le KGB, entre les mains de Viktor Tchebrikov, est associé à Ligatchev. Mais à la fin de l'automne, il est clair que leur offensive a échoué.

V.F. C'est alors que Gorbatchev décide de présenter au Bureau politique son programme de réformes, qui est adopté. Le peuple est dans la rue, avec des associations de citoyens, mais, finalement, toute velléité de faire bouger l'appareil du Parti se dégonfle.

En 1987, Gorbatchev nomme Vladimir Krioutchkov patron du KGB, en remplacement de Viktor Tchebrikov. Cet ancien chef des renseignements extérieurs soviétiques doit toute sa carrière à Andropov. C'est un apparatchik plutôt terne, mais travailleur, qui a su séduire les réformateurs par ses prises de position inattendues en faveur de la social-démocratie. Pour autant, il demeure un personnage ambigu. En 1956, à Budapest, époque où Andropov était ambassadeur en Hongrie, il employa la manière forte pour écraser toute velléité de rébellion. Plus tard, en 1968, il réitéra à Prague. En 1979, il supervisait l'action des commandos du KGB à Kaboul. Il est également présent lorsque le général Jaruzelski proclame l'état d'urgence en Pologne en 1981. Il a donc une longue expérience des intrigues et des situations d'exception.

Le KGB va se démarquer légèrement avec l'arrivée de Krioutchkov. On peut raisonnablement imaginer que Gorbatchev a trouvé en sa personne un véritable allié, à la différence de Tchebrikov qui était beaucoup plus critique, mais sans avoir jamais comploté. On s'apercevra finalement, à la longue, que ce changement à la tête du KGB a été une énorme erreur. Gorbatchev en fera les frais quelques années plus tard. Mais n'anticipons pas…

A.A. Du côté de l'armée, la situation va également changer à cause du scandale de l'affaire Mathias Rust. Le 14 mai 1987, après avoir trafiqué son petit monomoteur Cessna 172 pour lui donner une plus grande autonomie, ce jeune Allemand de dix-neuf ans décolle d'un aérodrome de la périphérie de Hambourg et file vers la Scandinavie. Il y séjourne, effectuant diverses étapes puis, le 28 mai vers midi, repartant d'Helsinki Malmi en Finlande, se déroute de son plan de vol pour pénétrer clandestinement en Union soviétique. Après 800 km de progression en basse altitude, il parvient vers 19 heures 30 au-dessus de la place Rouge et, après deux boucles, se pose comme une fleur non loin des remparts du Kremlin, sous les yeux consternés des Moscovites et des autorités ! Après avoir signé quelques autographes, il est arrêté par la police.

Le but de Mathias Rust, à dire vrai assez foutraque, était d'œuvrer par cette action en faveur de la paix dans le monde… Le fait, que quarante-deux ans après la victoire, un Allemand arrive si aisément au cœur de la capitale, est aussi important symboliquement que la fuite de Svetlana Staline qui avait coûté leur poste à Semitchasny et à Chelepine. Mikhaïl Gorbatchev va profiter du saisissement général pour limoger le ministre de la Défense et le chef d'état-major de la Défense aérienne, tous deux adversaires de la *perestroïka*. Plus de deux mille officiers seront ainsi éliminés.

V.F. Après cela, les réformateurs pensent pouvoir être en cohérence avec le KGB. Mais ils se trompent lourdement. Le nouveau patron Krioutchkov sera leur plus grand adversaire et fédérera tous les mécontentements.

Ainsi, entre 1985 et 1989, la donne change totalement. Yakovlev joue carrément la carte de la sortie du communisme. Il est pour une dissociation des pays Baltes, pour une révolution si tant est qu'elle soit possible et, dans le cas contraire, il plaide pour des élections libres, ainsi que pour une véritable liberté de presse et d'association.

Lorsque je repense à lui, mort à quatre-vingt-un ans d'une crise cardiaque, quasiment oublié de tous, le 17 octobre 2005, je ne peux m'empêcher de l'imaginer sous les traits d'un *starets*, un de ces vieux sages de la Russie éternelle en quête de spiritualité absolue, dont Dostoïevski disait qu'ils « prenaient la volonté d'autrui entre leurs mains et le guidaient vers la lumière ». Et de fait, telle fut mon expérience avec lui.

Un jour, alors que nos discussions politiques s'étaient enflammées, il me confia, en me regardant droit dans les yeux : « On va prendre la forteresse au nom de la Liberté ! » Autrement dit, prendre le Kremlin pour renverser la dictature. Ces mots furent le sésame de ma vie ! Qu'ils aient été suivis d'effet, l'histoire de la Russie en est la preuve. Que cela se soit passé au mieux, je sais, mon cher Alexandre, que tu seras loin d'être d'accord...

Il reste que l'arrivée au Kremlin de Mikhaïl Gorbatchev a eu des effets psychologiques majeurs. Ainsi, la peur des services secrets s'est dissipée dans l'imaginaire du peuple. Les dissidents ont été reconnus. Les prisonniers politiques ont été libérés des camps et des hôpitaux psychiatriques. Alexandre Soljenitsyne a été réhabilité et enfin publié. Les immigrés ont été autorisés à rentrer en URSS. La *perestroïka* a assuré l'ouverture sans effusion de sang. Un miracle dans ce pays où la violence est une tradition. Et je suis fier d'y avoir contribué !

A.A. Lorsque nous nous sommes rencontrés, toi et moi, nous partagions une même passion pour la personne de Gorbatchev et les tenants de la *perestroïka*. Nous étions tous les deux enthousiastes, chacun pour des raisons différentes, un Russe, un juif, mais nous pensions que nous avions enfin trouvé la clé universelle qui ouvrirait toutes les portes, et la solution qui permettrait à l'Union soviétique, d'abord de sortir de son arriération pour retrouver sa réelle vocation de pays moderne, ensuite de résoudre le problème de la guerre froide et de parvenir à unifier l'Europe, peut-être avec son concours, conformément à l'idée de la Maison européenne.

Bien des choses se sont passées, mais qui n'avaient pas grand-chose à voir avec nos espoirs. Même si certaines idées, comme la réunification de l'Allemagne, dont j'étais convaincu qu'elle était incontournable, se sont concrétisées, le cours des événements n'a pas suivi nos espérances.

V.F. La réunification de l'Allemagne, que Yakovlev ne se cachait pas de soutenir, a représenté le principal sujet de confrontation entre le KGB et les réformateurs. Le patron du KGB, Krioutchkov, considérait d'un mauvais œil les positions de l'éminence grise du secrétaire général. Il s'alarma de voir Yakovlev se rendre en RDA pour s'informer confidentiellement auprès de ses interlocuteurs sur la question de savoir si la réunification ne constituerait pas une solution viable à la stabilité en Europe. Le KGB ne cessait d'alerter Gorbatchev des suites de l'évolution, notamment économique, en RDA, qui ne pouvait être, selon lui, que défavorable aux intérêts de l'Empire soviétique. Il avait un plan précis pour conserver fermement l'Allemagne de l'Est au sein du pacte de Varsovie.

Les ultimes réunions mirent en présence les représentants de la tendance dure (Krioutchkov et le ministre de la Défense Yazov) et les réformateurs (Yakovlev et Chevardnadze), face à un Gorbatchev arbitre des débats. C'est donc au cœur du pouvoir moscovite que s'enracina le miracle de la chute du mur de Berlin. Yakovlev employa un argument discret, mais décisif. « Si nous utilisons la force, dit-il en aparté à Gorbatchev, nous devenons les otages du KGB et de l'armée. Ce sera la fin des réformes en URSS et, au final, nous serons chassés du pouvoir. » Avec le soutien de sa femme Raïssa, Gorbatchev décida de ne pas intervenir, faisant le choix de la liberté. La chute du mur de Berlin fut l'option des réformateurs d'en finir avec la spirale de la répression.

Cela dit, n'oublions pas non plus les paramètres économiques. Face à l'Occident, le Kremlin n'avait plus les moyens de poursuivre la course aux armements des étoiles. Le coût de l'Allemagne et des pays de l'Est avait été chiffré à quarante milliards de roubles ! S'en débarrasser permettrait de redresser l'économie et de tisser de nouveaux liens de coopération avec l'Europe.

En juin 1989, le chancelier Helmut Kohl, à l'issue d'un dîner bien arrosé à Bonn, avait déclaré à Gorbatchev : « Je sais que la réunification de l'Allemagne est très difficile, mais c'est comme notre fleuve, le Rhin, il ne s'arrête jamais. » Après un silence, il ajouta : « Nous sommes prêts à payer. » Il proposa dix milliards de marks. Le Kremlin en réclama quinze. Aujourd'hui, Helmut Kohl, peut-être un brin vantard, assure que, s'il l'avait fallu, il en aurait payé cinquante !

Cette approche a déterminé l'attitude du Kremlin lorsque, dans la nuit du 8 au 9 novembre 1989, les Allemands de l'Est ont commencé à frapper à la pioche le mur de Berlin, symbole d'un ordre ancien. Le KGB lui-même, pris de vitesse, ne s'est pas prononcé contre la résolution du secrétaire général. Mais il est clair que cet événement a été l'un des facteurs majeurs du putsch fomenté deux ans plus tard contre lui.

A.A. La réunification de l'Allemagne était assurément incontournable, mais le cours des événements sous la direction de Gorbatchev n'a pas suivi les espérances d'une solution optimale qu'avait incarnée, au moins pour un temps, Markus Wolf. Tout cela s'est traduit par une certaine dévalorisation de la personne de Gorbatchev. Ainsi, tous ceux, dont je ne fais évidemment pas partie, qui n'avaient pas supporté la *perestroïka* pour moult raisons, se sont aujourd'hui persuadés qu'il était un fieffé imbécile et que c'est lui qui, par sa maladresse, a accéléré la chute de l'Union soviétique.

Certes, on ne peut nier certaines qualités à Gorbatchev, notamment son audace, sa bonne volonté, sa profonde honnêteté et, ajouterai-je, sa grande humanité, dès lors qu'à maintes reprises il aurait pu donner l'ordre de tirer, particulièrement en Lituanie où l'on a frôlé la catastrophe en janvier 1991. La radio et la télévision étaient occupées par des manifestants. Contre l'avis du KGB et des militaires, il a énergiquement refusé d'abattre ces gens qui auraient pu être éliminés en quelques secondes. Il a montré en cette occasion les mêmes qualités humaines que celles qu'il avait déployées en Allemagne de l'Est, lors de la chute du mur de Berlin, et qui ont bien facilité les choses. Je ne lui discute nullement sur ce plan une vraie grandeur.

Pour ce qui est de ses capacités intellectuelles et de sa vision stratégique, c'est une tout autre affaire. La journaliste américaine Gail Sheehy, qui a publié un très bon livre sur lui peu avant que les choses ne dégénèrent, *The man who changed the world: the lives of Mikhaïl S. Gorbachev,* avait conclu son ouvrage de façon prophétique : « Pauvre Gorbatchev, voilà un homme qui aura sauvé le monde et perdu son propre pays ! » Terrible épitaphe ! Pour autant, si je ne discute pas son rôle dans la sortie pacifique de la guerre froide, je doute fort que la stratégie suivie ait été optimale.

Parallèlement à une certaine grandeur, Gorbatchev a fait la preuve de tragiques carences. Nous retombons ici dans le premier débat qui nous a opposés, concernant Andropov : au fond, mon pessimisme historique me conduit à préférer Andropov. Le vétéran des services secrets, probablement plein d'amertume, de calculs cachés et d'autoritarisme tragique qu'il était, a sans doute fait plus et mieux pour faire avancer l'Union soviétique sur la voie des réformes qu'un Gorbatchev à qui tout souriait, mais qui n'a pas mesuré la difficulté de l'entreprise. Voilà, à mon sens, quel devrait être l'acte légitime d'accusation à l'encontre de Mikhaïl Gorbatchev.

J'ajouterai que je suis particulièrement choqué par son mutisme depuis qu'il a quitté le pouvoir. Qu'il soit parti avec beaucoup de dignité ne fait aucun doute, qu'il ait fait preuve de qualités humaines, de générosité et d'une extrême probité, non plus, dès lors qu'il emploie tout l'argent qu'il récolte – que ce soit par des publicités du type Vuitton ou par des aides – à rémunérer ses proches collaborateurs, dont il a veillé personnellement à ce qu'aucun ne se retrouve au chômage. Pour autant, je m'étonne que, les années passant, il soit toujours incapable de s'exprimer sur ce changement dont il a été l'un des principaux acteurs. Pas un mot sur cette période de l'histoire qu'il a lui-même vécue, incapacité totale à expliquer ce qui s'est passé. Je parle non pas des secrets d'État, mais de l'enchaînement causal : j'ai l'impression que, s'il ne dit rien, c'est parce qu'il ne comprend pas ce qu'il a vécu !

J'en veux pour preuve l'histoire suivante : Pavel Lounguine, grand réalisateur russe, avait été pressenti par une chaîne de télévision russe pour interviewer Gorbatchev en vue de réaliser une biographie. Or, au bout de trois entretiens, il a senti qu'il n'y avait rien à tirer de lui, qu'il était dans l'impossibilité de rendre compte de son action. Je n'accablerai pas Gorbatchev sur le plan personnel, me bornant à observer que son attitude actuelle est très symptomatique sur le plan historique.

C'est ce mutisme qui me conduit à répéter que, certes, Alexandre Yakovlev était un visionnaire de la démocratie, que Chevardnadze était un pragmatique, mais assez médiocre dans l'exécution, tandis que Gorbatchev ne savait pas où il était, tout simplement. Enivré par son immense popularité internationale, il n'a pas vu les obstacles sur sa route. Cela étant, mon épitaphe du personnage se veut équilibrée, et je suis encore une fois tout disposé à reconnaître ses qualités humaines et intellectuelles, et ainsi, par elles, ce que nous lui devons tous.

V.F. Cela nous ramène au début de notre débat, clairement contradictoire ! Je suis persuadé que la période de la *perestroïka* fut exceptionnelle au niveau mondial, et qu'elle a constitué une page unique de l'histoire de la Russie. Pour la qualifier, je reprendrai le terme employé par Jean-Paul II, qui en a parlé comme d'un « miracle ». Et je reste convaincu qu'Eltsine et Gorbatchev ont été complémentaires…

A.A. D'abord, Gorbatchev est encore vivant. C'est l'un des premiers dirigeants de la Russie qui ne soit pas parti les pieds devant, soit par cacochymie, soit dans un fleuve de sang…

V.F. … Précisément grâce au changement qu'il a opéré, qui s'est achevé plutôt agréablement – même si c'est le triomphe de la faiblesse et la victoire de l'échec – alors même qu'il aurait pu se terminer dans l'apocalypse, compte tenu des milliers de têtes nucléaires qu'il avait à sa disposition et de la tradition de violence propre à la Russie.

La force de Gorbatchev, unique par rapport à un Muammar Kadhafi par exemple, si tu permets la comparaison, est qu'il a cessé de tuer. Comment expliquer cette révolution mentale ? Raïssa, croyante audacieuse, soucieuse de laisser sa marque dans l'Histoire, y a contribué. Yakovlev et Chevardnadze, qui n'ont pas toujours été des enfants de chœur, ont particulièrement utilisé le sentiment d'autosatisfaction dont se grisait Gorbatchev face à l'Occident, l'argument majeur mis en avant étant le suivant : « Si nous utilisons la force, nous sommes foutus ! Au mieux, nous sommes chassés du pouvoir, au pire et plus vraisemblablement, nous serons éliminés ! » C'était la litanie que Raïssa servait en continu à Gorbatchev, et qu'il avait parfaitement assimilée.

La force de Gorbatchev a aussi été de jouer artistiquement du flou en disant aux uns et aux autres des choses contraires, d'où le parallèle que se plaisait à faire Yakovlev entre Gorbatchev et Nicolas II. Ils misaient l'un et l'autre sur le triomphe de la faiblesse. C'est une comparaison assez juste dans la mesure où Gorbatchev jouait toujours sur plusieurs tableaux en pensant qu'il finirait par maîtriser la situation.

Bien qu'il ait trahi mes amis, dont Yakovlev et Chevardnadze, je reconnais qu'il restera dans l'Histoire un personnage phare, aux prises avec une situation exceptionnelle, unique au monde. En 1985, mes amis pensaient qu'il y avait une possibilité de tuer le système totalitaire et de transformer l'empire, à travers une sorte de confédération, intégrant très clairement, dans l'esprit de Yakovlev et même de Chevardnadze, les pays, sinon coopérants, à tout le moins non hostiles. Ils ont été prêts à lâcher les pays Baltes mais pensaient réunir tous les autres, dont la Géorgie et l'Ukraine, au sein d'une même confédération. Il est intéressant de préciser qu'en tant que Géorgien Chevardnadze sentait bien les choses.

À compter de 1989, ils ont conclu – et Eltsine a été influencé par cette prise de position – que l'Union soviétique était irréformable, qu'il était primordial de sortir du système et que, dans le cas où il serait impossible de maîtriser l'Union soviétique, il convenait d'en abandonner l'idée. Gorbatchev est resté flou sur ce projet. Contrairement à ce qu'il laisse entendre aujourd'hui, il ne voulait pas vraiment en finir avec le système soviétique, pensant qu'il pouvait évoluer vers une sorte de social-démocratie. Après coup, il maintient qu'il a eu raison et qu'il avait tout vu venir, mais je dis, moi, que sa grandeur tient au contraire à ses erreurs et au fait qu'il a accepté de les commettre à sa façon. Peut-être cela l'a-t-il conduit à la défaite, mais à plusieurs reprises, au moment décisif, particulièrement lors de sa chute, il a systématiquement refusé de recourir à la force alors qu'il avait toute latitude pour le faire.

J'admets, Alexandre, que l'Union soviétique aurait pu exister sous un autre visage, avec Andropov : il aurait suffi pour cela de continuer à tuer…

A.A. Pas seulement parce qu'Andropov aurait continué à tuer (il l'a fait à la fin de sa vie en s'en prenant à des adversaires politiques : brejnéviens et staliniens notamment, non pas à de simples citoyens), mais parce qu'une différence fondamentale existait entre Gorbatchev et lui : Andropov était persuadé que l'Union soviétique était en danger de mort, tandis que Gorbatchev, avec son optimisme de komsomol, pensait qu'elle ne risquait rien !

L'idée qu'Andropov se faisait de son pays dès la fin des années 1970 était des plus pessimistes. À ce propos, je voudrais te rappeler une anecdote racontée par le chef des services secrets cubains qui, ensuite, a fait défection pour venir vivre à Bordeaux avec sa maîtresse française.

L'histoire se passe dix ans avant la chute de l'URSS : fervent lecteur de Hemingway, Andropov adorait se rendre à Cuba, où l'on mettait à sa disposition une vedette rapide pour aller pêcher dans la mer des Caraïbes, ce qui, évidemment, était un rêve inaccessible pour beaucoup de Russes. Alors qu'il se trouvait sur son bateau, à la question sur l'avenir de l'URSS que lui avait posée son collègue cubain, il avait répondu : « C'est très simple : soit on change tout, soit il n'y aura plus d'Union soviétique dans dix ans ! » Il n'y a pas de doute sur la véracité de ces propos.

V.F. Exact !

A.A. C'est cela, la vraie culture du KGB, celle de Beria comme celle d'Andropov. Caractérisée par davantage de lucidité, plus de vérité, et un pragmatisme évidemment non dénué d'autoritarisme, elle n'est pas sans rappeler celle de Pierre le Grand, au début du XVIIIe siècle, qui préconisait la manière forte pour pousser le pays au changement, avant qu'il ne soit trop tard.

En l'occurrence, Andropov s'est heurté à des gens qui ne voulaient rien changer. Même si la plupart des officiers du KGB avait compris sa stratégie, ils ne l'auraient pas suivi. Seule une élite formée par lui, avec le plus grand soin et beaucoup de prudence conspirative, l'a soutenu dans sa lutte contre le Parti, mais surtout au sein du KGB. En fait, cette organisation avait une âme double, et si l'on cherche qui était derrière le véritable prédécesseur d'Andropov, Chelepine, on trouve des hommes qui, eux, dès la fin du khrouchtchévisme, voulaient réhabiliter Staline, des Mielke, Vergès, Ceausescu, Jivkov…

Le KGB, comme la langue d'Ésope, est à la fois la pire des choses, comme on le sait, mais aussi la meilleure. Quand

Andropov est mis à la tête du KGB, il n'est pas stalinien. Il est traumatisé par certaines expériences personnelles vécues notamment en Hongrie, il prône des idées avancées et le fait qu'il rassure Brejnev par rapport à un éventuel coup d'État du KGB va lui permettre d'avoir les coudées franches durant quelques années, avant qu'on ne s'aperçoive qu'il a trop développé son empire et qu'on ne l'attaque.

C'est précisément au moment où il se savait condamné à brève échéance, les médecins ne lui ayant pas caché son état, qu'il a vécu sa « *finest hour* », comme aurait dit Churchill. Sentant la mort approcher, il eut un sentiment particulièrement aigu de la situation de l'Union soviétique et développa une énergie sans borne, mieux inspiré que jamais pour tenter d'éviter la catastrophe. C'est au passage qu'il a coopté Gorbatchev, estimant qu'il était le meilleur – en tout cas le moins mauvais – pour lui succéder. Ce faisant, il a bloqué la terrible évolution que connaissait le pays à son plus haut niveau, laquelle résultait de la crise sociale généralisée de la fin des années 1970. Andropov finira donc par triompher avec Gorbatchev, mais dans le cadre d'une autre histoire dont il ne pouvait précisément prévoir le chaotique déroulement.

Dans l'histoire de l'URSS de cette époque, on peut distinguer deux grandes périodes. Une première, de relative euphorie, où la Russie est une grande puissance indiscutée, où la détente permet d'établir avec les États-Unis des relations plus pacifiées ou du moins, plus normales, et où la croissance économique reste forte avec, il faut le rappeler, une hausse du prix des hydrocarbures. Car s'il n'entre pas alors dans la politique de l'Union soviétique de vendre du gaz et du pétrole à la terre entière, comme c'est aujourd'hui le cas, elle en fournit un peu à l'Europe, et cette abondance de richesses naturelles lui donne le sentiment d'avoir des marges.

À cela s'ajoute l'aboutissement d'une modernisation remontant à l'époque stalinienne, mais qui continue de fonctionner à peu près : les gens ne vivent plus autant dans des appartements communautaires ; des immeubles – d'une rare laideur soit dit en passant – sont érigés dans toutes les périphéries des villes ; la vie quotidienne est moins dure et le ravitaillement, plutôt aisé ; les vacances sur la mer Noire se développent. C'est une période relativement calme, en accord avec l'aspiration des Soviétiques à souffler enfin – c'est en quoi la stagnation leur convient, jusqu'en 1975 environ.

Ce pays a trop longtemps été au centre de l'Histoire, avec une révolution, une guerre terrible remportée dans des conditions que personne n'aurait jugé possibles contre l'Allemagne, puis avec un long après-guerre assorti de restrictions draconiennes et d'une pauvreté matérielle généralisée. Nous sommes frappés par cette misère quand nous comparons les intérieurs russes des années 1950 avec les intérieurs français, et surtout anglais, de la même époque.

V.F. C'est alors un pays qui a le plus grand mal à se relever d'une guerre épouvantable, qui a donné lieu à des destructions insensées…

A.A. Suit une seconde période, quand, au début des années 1970, cette génération de l'après-guerre arrive à maturité. C'est une époque de malaise persistant dans la société, parce qu'il est désormais impossible d'élever des enfants dans l'optimisme. Il devient difficile de les ancrer dans l'idée que le socialisme crée une forme de liberté supérieure, tout en prétendant certes que ce n'est pas celle des Occidentaux, qu'il ouvre un monde de très grande égalité avec une multitude de possibilités, où les distinctions nationales n'existent plus, alors que non seulement elles perdurent, mais se renforcent.

Le malaise s'explique aussi par le fait que, soumis à la contrainte, le peuple soviétique ne vit plus dans une sorte de «*false self*», comme diraient les psychanalystes américains, de fausse identité héritée de l'époque stalinienne. Tout à coup, les gens prennent conscience de ce qu'ils sont: des Russes, des Tatars, des juifs ou autres. Ils ont une histoire que leur transmettent les grands-parents qui souvent les élèvent, les parents étant, l'un et l'autre, au travail.

V.F. Les *babouchkas*, comme les Russes appellent leurs grands-mères, sont là pour garder les enfants…

A.A. Effectivement, de sorte qu'ils sont plus proches de la génération d'avant 1914 que de leurs parents. Au lieu du Komsomol qui leur inculque qu'ils incarnent la jeunesse qui va créer la Russie nouvelle, ils écoutent les grands-mères qui racontent la Pâque et tous les souvenirs qui y sont liés.

Bref, les Russes sont plongés dans leur passé. C'est en quoi Soljenitsyne est vraiment le fils de cette époque puisque, après avoir dit ce qu'il avait à dire sur le monde contemporain, il s'est replongé dans le passé récent avec *La Roue rouge* – livre interminable et raté parce qu'il n'est pas Tolstoï, mais néanmoins d'un grand intérêt dans la mesure où son auteur s'interroge sur l'assassinat en 1911 du Premier ministre de Nicolas II, Piotr Stolypine, sur le basculement qui s'en est suivi, sur le début de la guerre de 1914 et sur les complots de 1915-1916. En fait il se pose obsessionnellement la question: « Pourquoi Octobre? » Or de nombreux Russes se la posent, cette question, dans les mêmes termes et épousent ses points de vue.

Personnellement, je trouve l'apogée de cette époque dans l'œuvre d'Andreï Tarkovski, immense cinéaste, successeur d'Eisenstein, qui n'était plus en rien un communiste convaincu.

Pour moi, ces deux-là sont les plus grands, tout en étant à l'opposé l'un de l'autre. Sergueï Eisenstein est un juif communiste révolutionnaire, admirateur de la révolution mexicaine et du cinéma américain, qui veut véritablement faire exploser les limites de son art et de la planète. Il est emblématique de cette époque et se convertira d'ailleurs, à la fin de sa vie, à une certaine forme de nationalisme stalinien. Surdoué, il donnera le ton, d'abord avec *Alexandre Nevski,* qui, sur un livret de Prokofiev, est un pur chef-d'œuvre, ensuite avec un *Ivan le terrible* qui, trop réaliste, n'a pas beaucoup plu à Staline et qui lui aurait valu, s'il n'était pas mort alors d'une crise cardiaque, les affres de la répression.

Quant à Tarkovski, il commence sa carrière cinématographique à la fin des années 1960 avec un merveilleux film, *L'Enfance d'Ivan*, qui raconte l'histoire d'un jeune garçon, à la fin de la guerre. Suivra un nombre incroyable de chefs-d'œuvre qui, encore aujourd'hui, façonnent la réflexion des Russes, et dont le plus remarquable est *Andreï Roublev* – le fameux peintre d'icônes du Moyen-Âge, sorte de prédécesseur russe de Jean Clouet, personnage romanesque s'il en est puisque c'est un moine qui, avec le temps, s'adonne entièrement à l'art de peindre. Le film commence d'ailleurs par cette proclamation que lui adresse un vieux moine dans un couvent : « Quand on a cette passion, il n'y a qu'une chose : peindre, peindre, peindre ! » On retrouve dans cette invocation tout le souci de Tarkovski de retrouver l'art et la professionnalisation.

La fin du film, encore plus étonnante – à l'instar de tous les grands artistes, Tarkovski est un prophète – met en scène la reconstruction d'une cloche qui symbolise la renaissance et le réveil de la liberté – Alexandre Herzen, le premier grand révolutionnaire russe, avait d'ailleurs baptisé son journal *La Cloche*. Alors qu'il faut donc fondre une cloche, ce qui suppose un certain savoir-faire, le jeune homme se porte volontaire et dirige le chantier avec beaucoup de compétence. Lorsque la cloche hissée au sommet du clocher, au terme d'un incroyable suspense, se met à sonner, le héros fond en larmes et déclare : « Je n'ai jamais rien su faire. C'est à Dieu que l'on doit ce miracle ! » La dernière image, pour symboliser la liberté retrouvée, s'attarde sur des chevaux s'ébrouant librement sous une pluie qui, dans la tradition russe, représente la vie…

Tout à coup, avec ce film, les Russes retrouvent tout un passé qu'ils pensaient aboli et qui revient aujourd'hui avec une force telle, que l'on a reconstruit, parmi tant d'autres, la cathédrale de Saint-Sauveur à Moscou. On y trouve en outre cette représentation extraordinaire du Mongol, à la fois fascinant et d'une cruauté insondable, qui est la métaphore du stalinisme.

Il faut bien noter que Tarkovski n'est pas un dévot orthodoxe, mais un spiritualiste indépendant qui dit aux Russes qu'ils recherchent dans la religion l'Absolu, cette dimension oubliée, qu'il faut reconstruire. C'est un message bien plus profond que les récriminations à la Soljenitsyne, toutes fondées qu'elles soient, car il parle de bien autre chose : d'un nouveau point de départ de la civilisation russe.

On peut dire que Gorbatchev correspond tout à fait au personnage que Tarkovski a entrevu, à cette différence près que, malheureusement, faute d'une vision juste et d'un vrai caractère, il n'a pas su faire sonner la cloche.

V.F. Il est vrai qu'Andropov était bien plus froid et bien plus lucide…

A.A. Il craignait tous les jours que l'URSS ne se fracasse. Les rapports quotidiens du KGB sur l'ampleur de la corruption, la démoralisation du peuple, etc., le confortaient dans sa volonté de sauver le pays contre lui-même. Mais compte tenu de son côté chef tchékiste, jamais il n'aurait pu prétendre à la même popularité que Gorbatchev, ni se laisser griser par des succès de politique extérieure…

V.F. Notre opposition fondamentale, Alexandre, réside en ce que je considérais qu'il fallait radicalement sortir du système communiste, alors que tu estimais qu'il fallait le conserver et le réformer. À l'instar de Yakovlev, j'observais que, dès lors que ce système était criminel, il ne méritait pas d'être sauvé.

Il est vrai que Gorbatchev, grisé par ses succès, s'est bercé d'illusions, mais deux tendances s'opposaient : l'une dont la tête pensante était Andropov a triomphé *a posteriori* avec Poutine ; l'autre, appuyée par Yakovlev, n'a pas rempli le mandat pour lequel elle a été portée au pouvoir. Gorbatchev a voulu mener de front des réformes politiques et économiques qui, de mon point de vue, étaient irréalisables, sauf à changer le système. Il a voulu réunir l'économie de marché et l'économie socialiste, un pari impossible, donc voué à l'échec. Par ailleurs, et c'est là une négligence dramatique, il n'a pas pris en compte le renouveau des sentiments nationaux.

Pour le reste, nous sommes d'accord : Gorbatchev a sauvé de nombreuses vies, instauré la liberté en Europe de l'Est. Mais les Russes le détestent de même qu'ils détestent Boris Eltsine car ils regrettent l'Union soviétique : pas le communisme, mais l'empire, le vertige de la grandeur illusoire.

Ainsi, jugé sur pièce avec le recul du temps, Andropov est devenu très populaire *post mortem* en Russie… La question qui se pose est la suivante : le système était-il criminel, auquel cas il devait être détruit, ou était-il viable, auquel cas il commandait de réagir comme les Chinois par des massacres assortis d'une ouverture économique ? C'étaient les deux termes de l'alternative car dans tout système dictatorial – comme on l'a vu avec Kadhafi –, les tyrans ne conservent le pouvoir que par le crime. Gorbatchev a été limogé parce qu'il refusait d'en passer par là et c'est tout !

A.A. De nombreux Russes approuvent l'évolution chinoise. Cela étant, Vladimir, tu exprimes clairement la véritable cause de l'explosion de l'Empire soviétique, pays alors économiquement beaucoup plus conservateur que ne l'était la Chine, laquelle bénéficiait notamment de l'activité de Hong Kong.

Au début des années 1980, Vassili Axionov a écrit une nouvelle intitulée *L'Île de Crimée*, dans laquelle il imagine que cette terre a été préservée de la révolution d'Octobre et est devenue un îlot capitaliste au flanc de la Russie soviétique : Hong Kong, en somme ! Il raconte, puisque c'est une nouvelle pessimiste, comment la Crimée, encerclée par l'Union soviétique, va perdre son capitalisme et sa liberté. Mais je relève deux erreurs dans cette analyse : premièrement, les Chinois n'ont jamais commis cette sottise avec Hong Kong ; deuxièmement, dans pareille situation, ce n'est pas la Crimée qui aurait été envahie par l'Union soviétique, mais l'inverse !

Je veux dire par là que dans la Chine des années 1980 existait déjà une formidable masse critique de gens, souvent de langue anglaise et formés soit à Hong Kong, soit en Grande-Bretagne, soit de plus en plus aux États-Unis, avec des pratiques marchandes qui n'avaient jamais véritablement disparu du pays, lequel, aussi incroyable que cela puisse paraître, avait dans certains domaines une avance significative par rapport à l'Union soviétique de Gorbatchev, malgré son évident retard technologique.

À l'inverse, l'Union soviétique était beaucoup trop avancée sur le plan des idéalités politico-religieuses pour supporter la médecine que Deng Xiaoping a, de gré ou de force, infligée à son pays en 1989 au moment de la crise de Tian'anmen. Pour s'en convaincre, il suffit de t'écouter, Vladimir, car, en vérité, tu ne fais que traduire le sentiment de l'immense majorité de l'intelligentsia qui dépassait déjà largement les professeurs de mathématiques ou de physique de l'université de Moscou ou les intellectuels qui s'exprimaient dans les revues…

V.F. Autrement dit, la population des grandes villes ! Pour bien connaître la Chine et la Russie d'alors, je peux affirmer que l'Union soviétique n'était nullement arriérée. Toute une frange de la population était prête à accepter la libéralisation et l'occidentalisation, telle une ultime tentative pour ramener la Russie en Europe.

La révolution d'Octobre avait-elle marqué une avancée ou signait-elle la mort du pays ? Pour ma part, je considère qu'elle a constitué une forme de suicide et que, contrairement à ce que l'on a raconté, et comme en attestent tous les chiffres, la période de Nicolas II a été celle d'un énorme progrès, aussi bien en termes de culture que d'économie. Sans le coup d'État bolchevique, la Russie aurait fait partie du peloton de tête de l'Europe en matière de prospérité.

Les collectionneurs russes furent parmi les premiers à acheter les œuvres de Gauguin, des impressionnistes et des fauves, vigueur culturelle que l'on retrouvait dans les autres arts, comme la danse ou la musique. D'où la tragique irresponsabilité de l'élite antitsariste qui agissait comme l'« idiot utile » – reprenons encore une fois la célèbre formule léniniste – en faveur de l'arrivée des bolcheviks au pouvoir. Le pays s'est suicidé en faisant avec Lénine, Trotski et Staline vingt-cinq millions de morts !

C'est difficile à dire mais, lors de la *perestroïka*, nous pensions naïvement pouvoir sortir du système et renouer avec un glorieux passé, non pas nécessairement avec le tsarisme, mais avec une « européanité » littéraire et artistique.

A.A. Cette idée de renouer avec la modernité était dans la tête de tout le monde. Au stade le plus avancé de la *perestroïka*, nous avons ainsi vu, médusés, la population de Leningrad voter pour que la ville reprenne son nom de Saint-Pétersbourg, même pas de Petrograd ! La « débaptisation » de toutes les villes, qui s'est faite à toute allure et dans le soulagement général, nous a laissés pantois ! Que la ville de Gorki redevienne Nijni Novgorod me semblait normal – j'en parlais déjà sous ce nom plusieurs années auparavant –, mais que Leningrad, symbole de la résistance avec le siège de neuf cents jours, reprenne le nom ayant la plus forte consonance allemande m'a laissé totalement abasourdi. Mais cela répondait à un sentiment déjà très largement majoritaire en 1989.

V.F. La Russie avait-elle une chance de sortir du communisme, de conserver son statut de grande puissance, tout en échappant à la corruption et à la dissolution ? Il faut considérer ici la dimension de l'empire, et je ne suis pas sûr que les tactiques de Yakovlev et d'Eltsine aient été tellement erronées. Le poids de l'empire freinait les réformes. À l'époque, ils se sont fort légitimement posé la question du coût de cet empire, qui s'est avéré immense.

On peut s'interroger : un homme politique, même un président, doit-il nécessairement être intelligent ? « À la limite », comme on dit aujourd'hui, un président a pour obligation non pas d'être intelligent, mais de remplir le contrat pour lequel il a été élu. Eltsine n'avait aucun talent artistique ni rien de séduisant, et s'il était beaucoup moins plaisant de dîner avec lui qu'avec Gorbatchev, les deux hommes n'en demeuraient pas moins complémentaires. Dans cette percée vers la liberté, ils sont indissociables. Ils n'auraient pas pu exister l'un sans l'autre – sans même parler du fait qu'Eltsine a très longtemps été une sorte de collaborateur de Gorbatchev. Pour l'anecdote, je préciserai qu'il avait été choisi presque par erreur… Mais d'abord, qui est-il ?

Chapitre VII
Eltsine ou le postcommunisme raté

Vladimir Fédorovski : Boris Nikolaïevitch Eltsine, né en 1931 à Boutka, dans l'*oblast* de Sverdlovsk, mort en 2007 à Moscou, est issu d'une famille ouvrière qui vit chichement, confinée dans l'unique pièce qu'elle occupe dans un baraquement en bois. Boris est bon élève, mais il se fait remarquer à l'école par son cabochard esprit de justice. Dans son autobiographie intitulée *Jusqu'au bout !*, il raconte comment, s'étant révolté contre les méthodes sadiques de son institutrice, on lui supprime son diplôme de fin d'études. Mais il conteste cette décision avec tant d'opiniâtreté qu'une enquête est ouverte : l'institutrice est renvoyée et il obtient le précieux diplôme. L'anecdote est révélatrice du caractère du personnage. On connaît son physique : une carrure d'athlète. Il est champion régional de volley-ball, mais une faiblesse cardiaque l'oblige à tempérer ses ardeurs sportives.

En 1955, Eltsine a fini ses études dans la section « construction » de l'Institut polytechnique de l'Oural, à Sverdlovsk, et il entre comme ouvrier dans une usine de construction de tuyauterie lourde. Un an plus tard, il est contremaître, en charge d'une équipe bien particulière puisqu'il s'agit de prisonniers. Il fera preuve d'un grand courage face aux menaces physiques. Lorsqu'un des prisonniers, pour une histoire de salaire, le menace de lui fendre la tête avec une hache, il l'expulse sans barguigner. Au début des années 1960, il accède à la direction de la construction d'un complexe de travaux publics.

Entre-temps, Eltsine s'est inscrit au Parti communiste. En 1977, il dirige la section de l'*oblast* de Sverdlovsk. À ce titre, il ordonne la démolition de la villa Ipatiev, à Ekaterinbourg, où furent massacrés en 1918 le tsar Nicolas II et sa famille. Il s'en repentira publiquement plus tard. Parallèlement, en 1978, Mikhaïl Gorbatchev est élu secrétaire au Comité central chargé de l'Agriculture. Les deux hommes s'entraident. En 1981, Boris est membre du Comité central. En 1984, il est successivement membre du Praesidium du Soviet suprême, chef du département de la Construction au Comité central du Parti et secrétaire du Comité.

En 1985, le Politburo lui confie la direction du Parti de Moscou. Ès qualité de Premier secrétaire, il commence par faire le ménage des apparatchiks qui font obstacle à la *perestroïka*; puis il s'attelle aux problèmes de Moscou : interminables queues aux portes des commerces, transports surpeuplés, manque d'hygiène, drogue, prostitution et, particulièrement, corruption au sein des magasins d'État. Eltsine s'exaspère des hésitations de Gorbatchev et de la lenteur de la *perestroïka*. Il a le verbe haut, la critique tonitruante et il acquiert une véritable popularité que certains apparatchiks du Politburo qualifient bientôt de démagogie. En 1986, pourtant, le voilà membre suppléant du Bureau politique, où il continue de marquer ses impatiences et son opposition.

En octobre 1987, mettant en cause le numéro deux du Parti, Egor Ligatchev, il s'exclame : « Les corrompus, les pourris sont ici même, parmi nous, et vous le savez parfaitement ! » Le résultat ne se fait pas attendre. Quinze jours plus tard, il est démis de ses fonctions. Malgré une alerte cardiaque due au stress, il repasse vite à l'attaque. En juin 1988, face aux télévisions américaine et britannique, il réclame la démission d'Egor Ligatchev qu'il accuse d'être le « principal responsable » des lenteurs de la *perestroïka*.

Sa carrière, toute faite d'excès, de sincérités calculées, et de cohérence avec les aspirations du peuple, progresse à la façon d'un rouleau compresseur. Aux législatives de mars 1990, le bloc démocratique dont il fait partie remporte tous les sièges à Moscou, Leningrad, en Sibérie et dans le Grand Nord. Eltsine est élu député de Sverdlovsk avec 80 % des voix. Dans la foulée, il remporte fin mai l'élection à la présidence du Soviet suprême de la RFSFR, la Fédération de Russie, éliminant le Premier ministre Vlassov, poussé par Gorbatchev, et un ultraconservateur.

Moscou est désormais le siège de deux pouvoirs dont l'antagonisme ne cessera de s'exacerber jusqu'à l'implosion finale : celui de l'Union soviétique avec Gorbatchev et celui de la Russie avec Eltsine. La Fédération de Russie, composée de dix-huit républiques et de régions autonomes, représente 76 % du territoire de l'URSS et 52 % de sa population ; c'est dire les risques d'achoppement de l'empire. Le nouveau président veut rendre sa fédération « autonome en tout », déclenchant une guerre des lois et des compétences nationales avec le pouvoir central.

Mais comment diable en est-on arrivé là ? Gorbatchev semble avoir réchauffé un serpent dans son sein. Son choix d'Eltsine est la conséquence d'un tragique aveuglement psychologique sur les réelles ambitions de ce dernier. Eltsine avait commencé à blâmer la lenteur des réformes de façon stratégique pour obtenir un avancement personnel, alors qu'il était secrétaire fédéral du Parti à Moscou en 1987. Et voilà que, dans la foulée, il s'en est pris à une personne intouchable : Raïssa, dont il jugeait excessive l'implication…

Alexandre Adler : Oui, cette prise de position à contre-courant s'accomplit en deux temps. Boris Eltsine, homme assez fougueux, a été choisi par Gorbatchev pour secouer le Parti à Moscou. Puis, comme son manque de diplomatie lui valait de plus en plus d'ennemis, il s'est senti trahi par Gorbatchev qui cherchait à le recadrer et, dans sa colère, a attaqué Raïssa devant le Comité central, lui attribuant la responsabilité des reproches qui lui étaient adressés. Dès lors, le Rubicon était franchi.

Pourtant, Gorbatchev ne l'avait pas accablé autant qu'on l'a dit. Après l'avoir destitué du Bureau politique, il s'était efforcé de lui conserver son poste de vice-président du comité pour la Construction, ce qui correspond à un poste ministériel, et d'éviter de le ramener au degré zéro comme le demandaient les néostaliniens. Pour autant, la relation entre les deux était devenue impossible et laissait place à une immense et réciproque détestation.

V.F. Voici donc Eltsine à la tête de la Fédération de Russie, dont le Congrès proclame en juin 1990 la souveraineté. Eltsine se pose désormais en champion de l'indépendance des diverses républiques de l'Union. Il quitte le Congrès du Parti et déchire sa carte de membre. En novembre, il signe avec l'Ukraine et le Kazakhstan des traités dans lesquels les républiques reconnaissent leurs souverainetés respectives.

C'est durant cette période que naît vraiment le monde postsoviétique. « Nous sommes plongés dans le chaos créateur », observe non sans inquiétude Gorbatchev. Il est obligé de composer avec ce rouage essentiel de l'État qu'est le KGB, tout en tenant tête à Krioutchkov qui ne cesse de réclamer l'éviction de Yakovlev, l'accusant notamment d'accointances avec la CIA. Pour ne prendre qu'un exemple pratique, comment vivre en parfaite sécurité lorsque la garde présidentielle est exclusivement entre les mains du KGB ?

Quand le système a commencé à déraper, Gorbatchev a pris peur. Il a commencé à retravailler avec le KGB et ceux qui appelaient à un rétablissement de l'« autorité de l'État ». C'est à ce moment qu'il nous a tous mis sur écoute et qu'il nous a fait filer, trahissant l'aile radicale qui le soutenait. En signe de protestation, Chevardnadze a claqué la porte, annonçant un inéluctable coup d'État de la part du KGB. Yakovlev, quant à lui, est resté auprès du secrétaire général comme premier conseiller.

L'année 1990 a été marquée par un phénomène qui s'est avéré déterminant pour le pays : l'ancienne nomenklatura, qui était indifférente au système pourvu qu'elle puisse sauver son statut et ses privilèges, a commencé à utiliser la pagaille régnante pour s'enrichir comme jamais. Au cours des dernières années de pouvoir de Gorbatchev, cent dix milliards de dollars sont sortis au grand jour en Russie. Ce sont ces nantis qui détiendront le pouvoir sous Eltsine. C'est là qu'a commencé l'alliance qu'ils établiront avec le pouvoir en place. Dès lors qu'ils lâcheront le système, il ne restera plus qu'à officialiser les faits, ce qui permettra le passage à une autre politique en évitant une Troisième Guerre mondiale !

A.A. L'année 1990 a également été décisive pour toi, Vladimir : tu démissionnes de la diplomatie et tu t'engages politiquement aux côtés de Yakovlev qui vient de fonder le premier parti anticommuniste de l'histoire de l'URSS, le Mouvement pour les réformes démocratiques.

V.F. J'en deviendrai le porte-parole, plus que jamais conscient de l'ambiguïté fondamentale de Gorbatchev, tiraillé entre les deux tendances politiques antinomiques coexistant autour de lui : la fraction dure d'Andropov qui projetait l'ouverture économique en conservant l'ordre communiste, et l'autre, démocratique, de Yakovlev. Gorbatchev ne cessait d'en être l'arbitre, affirmant tout et son contraire, donnant des gages aux uns et aux autres, au point de devenir politiquement incompréhensible. Sa gestion de la chute du mur de Berlin, en novembre 1989, avait conduit le KGB à projeter son élimination à moyenne échéance…

Les événements de Vilnius de janvier 1991 confortèrent cette décision. L'opposition lituanienne était dans la rue, le pouvoir communiste vacillait. Le KGB décida alors de réagir dans l'exacte tradition des répressions de Budapest et de Prague. Visant les objectifs stratégiques, ses troupes d'élite donnèrent l'assaut à la tour de la télévision. Bilan : quatorze morts, plus d'une centaine de blessés. Le KGB voulait entraîner le secrétaire général dans son sillage, le placer devant le fait accompli. Mais voyant les réactions et manifestations se multiplier dans le monde – nous n'y étions pas pour rien, faisant passer les informations –, Gorbatchev recula, donnant l'ordre de se retirer. Sage décision. Il affirmera par la suite ne pas avoir été informé en amont de l'initiative du KGB – ce qui est proprement inconcevable dans le fonctionnement du système soviétique.

Gorbatchev est donc allé dans le sens du KGB, mais a flanché au dernier moment car il n'était pas question pour lui d'assumer une telle responsabilité face à l'Occident. Conséquence : les « durs » ont décidé de se débarrasser de lui au plus vite. Notons que le KGB a suivi une stratégie assez similaire avec Boris Eltsine. Des ouvertures lui ont été faites sur le mode : « On neutralise Gorbatchev et on réalise l'ouverture » ; ce qu'on ne précise pas, c'est qu'on a l'intention de se débarrasser de lui par la suite.

A.A. Reste qu'avec l'affaire de Vilnius, Boris Eltsine pousse aussitôt son avantage : il reconnaît la souveraineté des États baltes. Quelques semaines plus tard, à l'occasion des référendums sur la conservation de l'Union et sur l'élection du président de la Fédération de Russie au suffrage universel direct, il fait diffuser une déclaration dans laquelle il affirme que croire en Gorbatchev a été « une erreur et une perte de temps ». On ne peut être plus clair.

Le 12 juin 1991, l'emportant à l'élection présidentielle russe sur l'ancien Premier ministre soviétique Nikolaï Ryjkov et l'ancien ministre de l'Intérieur Vadim Bakatine, il quitte ses fonctions de président du Soviet suprême de la RFSFR pour devenir président de la Fédération de Russie. Il sera intronisé un peu plus tard en grande cérémonie en présence des représentants de toutes les républiques et avec la bénédiction du patriarche de toutes les Russies.

V.F. Eltsine entreprend alors une tournée aux États-Unis. Sur l'initiative de Raïssa, les hommes de Gorbatchev le filment totalement ivre durant ce fameux voyage. Les images sont diffusées le soir même au journal télévisé en Russie, mais, alors que le Kremlin pensait se mettre l'opinion dans la poche, les sondages révèlent au contraire que le peuple voit en Eltsine un vrai Russe, buveur, coléreux, authentique, et qu'il se reconnaît en lui ! Il a ce côté brut de fonderie qui plaît aux gens, et sans être très brillant, il est doté d'une qualité politique majeure : le flair. Ainsi a-t-il été le premier à déchirer sa carte du Parti, ce qui a fait de lui l'homme le plus populaire du pays.

L'été commence, avec la préparation d'un accord sur la nouvelle Union entre le pouvoir soviétique et les républiques, qui devrait remplacer les anciennes structures issues de la révolution bolchevique de 1917.

A.A. C'est alors que tu as la confirmation de tes craintes : les « durs » projettent un coup d'État contre Gorbatchev. Comment as-tu su concrètement qu'ils allaient bouger ?

V.F. C'est arrivé par le plus heureux des hasards ! Un jour de juin, sortant du siège de notre parti situé dans les bâtiments ocre de la mairie de Moscou, je rencontre sur le boulevard Gogol une de mes vieilles connaissances, le colonel Boris, spécialiste des coups d'État en Afrique. Il me confie que le KGB prépare un putsch, qu'on est venu le consulter… Averti, Yakovlev vend immédiatement la mèche à Gorbatchev, qui lui répond : « Ne t'inquiète pas, ce sont des faiblards, ils ne vont pas bouger… »

Nous transmettons le renseignement à Eltsine, qui le garde pour lui. Par le biais du maire de Moscou, Gavriil Popov, nous alertons les Américains, qui prennent l'affaire au sérieux. En cet été 1991, l'ambiance est lourde, mais personne ne bouge, chacun pensant qu'il va sortir gagnant de cette affaire. Notre taupe au sein du KGB, le colonel Boris, nous donne pourtant la date approximative du putsch : mi-août.

Après une ultime conversation avec Yakovlev, Gorbatchev part le 4 août en vacances en Crimée dans sa somptueuse datcha de Foros. Raïssa avait décidé de se faire édifier un nouveau palais, décoré de boiseries précieuses, de marbre blanc, avec piscine donnant sur la mer. La nature y était à la fois splendide et hostile, rocailleuse, dénuée de toute végétation, avec un vent terrible soufflant en rafale sur le promontoire au-dessus des flots. Afin de se protéger de la houle, on avait creusé les rochers à la dynamite et un tunnel avait été percé, agrémenté d'escaliers mécaniques pour relier directement la résidence à la mer.

Au second étage de cette résidence se trouvait un bureau, des chambres, une salle à manger pouvant accueillir une douzaine de personnes. Gorbatchev et sa femme prenaient souvent le thé sur la terrasse, face à l'horizon de la mer Noire. Aux alentours du 15 août, Gorbatchev ne se sentit pas bien. Handicapé par un lumbago, il demanda de faire venir un spécialiste de Moscou. Grâce à quelques massages et manipulations, le thérapeute réussit à diminuer ses douleurs. Rien de bien grave, mais un nerf bloqué faisait souffrir le secrétaire général.

Il régnait une curieuse ambiance aux abords de la datcha : le service de sécurité était plus imposant que d'ordinaire ; des herses avaient été disposées en travers de la route, ainsi que des véhicules blindés ; au large, avec les habituels garde-côtes, croisaient trois bâtiments de guerre.

Le dimanche 18 août, alors que le chiropracteur s'apprêtait à soigner Gorbatchev, ce dernier s'allongea sur la table de massage et lui intima : « Tu peux faire tout ce que tu veux, m'enlever un nerf, une vertèbre, une jambe. Mais demain, je dois être à Moscou ! » Il lui fallait absolument rentrer le 19 pour signer le 20 août le fameux accord sur la nouvelle Union. Certes, beaucoup d'incertitudes demeuraient. Mais Gorbatchev, bien que soumis aux pressions des conservateurs communistes qui voulaient radicaliser le pouvoir, était parvenu à un compromis avec Boris Eltsine, espérant se libérer de lourdes contraintes en donnant plus de marge de manœuvre aux républiques.

Gorbatchev était parfaitement conscient du danger que représentait cette union nouvelle. Les « durs » pouvaient brusquement tenter de bloquer la réforme dans un bain de sang. Avec un conseiller, assisté de deux secrétaires, il avait rédigé un document de trente-deux pages dans lequel il envisageait cinq scénarios face à l'avenir. Dans l'un d'eux, la « variante de l'état d'urgence », il employait le mot « junte » et évoquait l'hypothèse d'un coup d'État. « Ce serait une impasse, une régression sociale, la mort du pays », observait-il. Le couple emblématique de la *perestroïka* était-il vraiment convaincu d'être assez fort pour déjouer les complots et continuer à franchir les obstacles qui se dressaient devant lui depuis six ans ? Gorbatchev ne songeait-il pas, lui aussi, à des mesures exceptionnelles ?

Il était 16 heures 50, ce dimanche 18 août, lorsque l'ange gardien de Gorbatchev, le général Medvedev, annonça à son patron qu'un petit groupe arrivé de Moscou exigeait de le voir séance tenante. Des véhicules avec gyrophares et antennes radios, escortant plusieurs limousines Zil noires, avaient pénétré dans l'enceinte de la datcha. « Je n'attends personne, de quoi s'agit-il ? Pourquoi les avoir laissés entrer ? » demanda Gorbatchev au responsable de la garde présidentielle. « Parce qu'ils sont accompagnés du chef du neuvième département du KGB, c'est le règlement… »

Le secrétaire général eut l'immédiat réflexe de décrocher les cinq téléphones de son cabinet de travail. Aucun ne fonctionnait. Il était coupé du monde. Ce qu'il ignorait encore, c'était que le fameux « téléphone rouge » placé sous une cloche, et que l'on n'avait même pas le droit d'épousseter, celui qui reliait le maître du Kremlin au chef des armées, ne fonctionnait plus non plus. Les putschistes se trouvaient à la porte de la résidence. Leurs gardes du corps, armés de pistolets-mitrailleurs, prirent possession des postes principaux, porte d'entrée, garage et héliport, où deux camions empêchaient tout décollage et atterrissage. Raïssa souffla à son époux : « Quoi qu'il advienne, je suis à tes côtés. »

Les putschistes avaient quitté Moscou au début de l'après-midi à bord d'un Tupolev Tu-134. L'appareil s'était posé sur une base aérienne près de Sébastopol. La décision de prendre contact avec Gorbatchev avait été arrêtée le matin même. Cinq hommes étaient chargés de faire plier le Secrétaire général. Celui que Gorbatchev attendait le moins pour accomplir cette besogne était sans aucun doute son chef de cabinet, homme de confiance depuis 1990 et ami intime de Raïssa, Valeri Boldine. Ce dernier était l'un des seuls à pouvoir entrer dans son bureau au Kremlin sans rendez-vous. Fiable, respectueux des ordres, assurément pas un monstre, mais qui se révélait soudain tel qu'il était vraiment : un apparatchik, un homme du système, capable de tout, y compris d'un putsch. Il était accompagné d'un homme plus redoutable encore, le général du KGB Iouri Plekhanov, chef du neuvième directorat chargé de la protection rapprochée des dirigeants du pays.

L'entretien allait se dérouler dans le bureau présidentiel. Il ne fallait pas être grand clerc pour saisir que la reprise en main et les solutions proposées par les putschistes replongeraient le pays dans la violence. Gorbatchev ne voulait en aucun cas d'une nouvelle moisson de cadavres. Alors que, durant des années, il avait louvoyé, œuvré dans l'ambiguïté, traîné dans les réformes, il fut soudain là-dessus intraitable, conscient que les conservateurs du Parti et le KGB recherchaient son aval pour leur triste besogne, notamment pour amadouer l'Occident. Il refusa le pacte avec le démon totalitaire, sans que l'on puisse pour autant exclure certaines zones d'ombre sur la nature profonde de ses relations avec les apparatchiks – et sans doute est-ce à cela qu'il a dû de garder la vie sauve. Il aurait aussi bien pu réagir comme Allende retranché dans son palais, mais Raïssa avait l'existence chevillée au corps.

Raïssa attendait dans le hall quand la délégation quitta le bureau du président. Il était presque 6 heures du soir. La famille Gorbatchev allait être retenue prisonnière, les chefs de la junte de Moscou tenant à conserver une monnaie d'échange. L'agence TASS annonça que le Secrétaire général, en vacances en Crimée, était dans l'incapacité d'assumer ses fonctions pour raisons de santé.

La junte – comité de huit membres incluant le patron du KGB Vladimir Krioutchkov, le ministre des Affaires intérieures Boris Pougo, le ministre de la Défense Dmitri Iazov, qui avaient tous accédé à leur fonction sous Gorbatchev – avait placé le vice-président Guennadi Ianaiev à la tête d'un « Comité d'État pour l'état d'urgence », qui avait aussitôt donné l'ordre aux chars d'assaut d'entrer dans Moscou.

A.A. Et toi, Vladimir, où te trouvais-tu à ce moment-là ?

V.F. Précisément à Moscou, à la Maison-Blanche, résidence du président de la Fédération de Russie. Le 19 août au petit matin, tout le monde était sur le pont avec Eltsine. Tout autour de la place, envahie par les blindés, des snipers sont postés. Eltsine sort, grimpe sur un char et, là, coup de génie, au lieu de prendre ses distances avec Gorbatchev, il choisit la légitimité en réclamant la libération du président illégalement arrêté. Il est animé d'un immense courage – et un brin éméché. J'avoue que j'étais contre cette sortie, craignant pour sa vie à cause des snipers. Mais le plus fantastique, c'est la transmission planétaire en direct de l'événement par la CNN, grâce à des « envoyés spéciaux américains » experts en télécommunications…

En qualité de porte-parole du Mouvement pour les réformes démocratiques, je suis en contact avec les médias occidentaux. Racontant en direct les mouvements de troupes, j'adresse sur RTL un appel mémorable au peuple français. Intoxiqué par un émissaire des putschistes, François Mitterrand vient de commettre une grave erreur en déclarant vouloir attendre les intentions des « nouveaux dirigeants » soviétiques, reconnaissant *de facto* le gouvernement issu du coup d'État. Il parle sur TF1. De Moscou, je lui réponds sur la même chaîne: « Pas vous, monsieur le Président, et pas maintenant, quand les chars sont dans les rues, et que vous nous avez donné tant de leçons de démocratie autrefois ! » À la différence du président de la République, Jacques Chirac, alors maire de Paris, nous apportera son vif soutien[1].

Au tout début, nous ne sommes qu'un millier à la Maison-Blanche face aux sept cent mille hommes du KGB qui tiennent le pays. Le soir, la foule se mobilise. Yakovlev appelle tous azimuts. De part et d'autre des centres du pouvoir, aussi antagonistes soient-ils, ils se connaissent tous ! Et Krioutchkov en personne, patron du KGB, a appelé Eltsine au téléphone à de multiples reprises. Mais Eltsine s'est refusé à tout compromis. Il faut ici lui rendre hommage, lui dont la popularité aujourd'hui en Russie a atteint le niveau zéro.

A.A. Techniquement, pourquoi le putsch a-t-il échoué ?

V.F. On ne peut faire plus simple et plus étonnant. Cela s'est joué sur un renseignement majeur. Le 20 août, nous sommes à la mairie de Moscou pour préparer un meeting anti-putschiste dans une ambiance survoltée. La tension est extrême. Voici la scène à laquelle j'ai assisté: Yakovlev regarde le groupe menaçant des chars. Soudain, il se dirige vers le téléphone, le décroche et appelle l'un des membres du Comité d'État pour l'état d'urgence, Dmitri Iazov, ministre de la Défense, vétéran de la guerre tout comme lui.

1. Note de l'éditeur : Alexandre Yakovlev évoqua en ces termes Vladimir Fédorovski dans *Le Figaro* du 26 avril 1996 : « Il fut l'un des premiers à rompre avec les habitudes de la caste diplomatique pour s'engager dans la démarche de la *perestroïka.* Depuis 1985, on se souvient de son visage à la télévision, associé au vent du changement. Quand Gorbatchev fit marche arrière, Fédorovski n'hésita pas à quitter la carrière. Je l'ai vu à l'œuvre, lorsqu'il fut porte-parole du Mouvement des réformes démocratiques durant les jours fatidiques de la résistance au putsch communiste de Moscou en août 1991. »

Ils ont siégé ensemble au Politburo. Et sitôt qu'il l'a en ligne, il le prend bille en tête : « Tu sais, si tu tires sur la foule, ce sont tes petits-enfants qui vont payer. Pourquoi t'es-tu mis dans cette galère ? » L'autre lui répond : « Sois rassuré, les chars sont là, mais ils n'ont pas de munitions. » Iazov avait même prévenu en secret les autres putschistes : « Si ça marche sans effusion de sang, c'est tant mieux. S'il faut tirer, je ne tire pas... » Yakovlev raccroche et conclut : « C'est foutu pour eux ! »

Alors que les putschistes disposaient de toutes les forces armées, ils ne coupèrent pas les liaisons téléphoniques entre Moscou et l'Occident. Ce fut une erreur majeure. Seconde erreur : à aucun moment les forces spéciales du KGB du groupe Alpha ne reçurent l'ordre de donner l'assaut à la Maison-Blanche. Les conjurés ne firent même pas arrêter Boris Eltsine, dont la résidence située près de Moscou était connue de tous ; si bien que ce dernier a pu se rendre à la Maison-Blanche et défendre son camp retranché, protégé seulement par une demi-douzaine de chars et un petit groupe totalement désarmé. De son bureau, il a pu téléphoner au pays réel : les directions régionales du KGB, à commencer par celle de Leningrad où officiait un certain Vladimir Poutine, refusant de soutenir le putsch.

Sur les sept mille réformateurs que le KGB prévoyait d'incarcérer, pas un ne fut arrêté. Gorbatchev rentra à Moscou, hagard. Dans les rues, les couleurs des tsars avaient définitivement remplacé le drapeau rouge. Toutes les républiques de l'Union soviétique proclamèrent alors leur indépendance, et l'empire de Staline s'effondra comme un château de cartes. Le putsch avait été soldé en quelques jours, sans effusion de sang. Eltsine avait su jouer de subtilité en défendant Gorbatchev, son rival. L'agonie de l'URSS s'est prolongée durant quatre mois, au cours desquels

Mikhaïl Gorbatchev n'a exercé son pouvoir que sur une coquille vide. Il démissionna de son poste de président de l'Union soviétique le 25 décembre 1991, dix-sept jours après que les dirigeants russes, ukrainiens et biélorusses eurent proclamé que « l'URSS avait cessé d'exister » (déclaration de Minsk du 8 décembre 1991). Aussi, par la grâce de sa détermination et d'une forte légitimité conquise au suffrage universel lors de son élection au poste de président, Boris Eltsine devint-il le seul maître du Kremlin.

Mais pour quel avenir ? Après la chute du communisme, ce sont les pro-Occidentaux qui tiendront le haut du pavé. Souvent bercés d'illusions, ils seront pleins de bonnes intentions. Malgré cela – tragique erreur –, Bush optera pour l'affaiblissement en créant un « cordon sanitaire » autour de la Russie. Le courant occidental s'y étiolera pour laisser la place à des factions plus radicales, avec, en arrière-plan, la mafia. Malheureuse Russie !

A.A. Je confirme la complexité de la situation. Eltsine, tout en étant un allié et bénéficiant du soutien parcimonieux de l'Occident, a finalement, en appelant à une vraie révolution démocratique, ouvert les portes du pouvoir à des gens infiniment plus staliniens que n'en comptait l'entourage de Gorbatchev !

J'irai plus loin en disant qu'un homme comme Krioutchkov, patron du KGB, était assez civilisé et modéré avant que la gravité des choses ne l'entraîne à participer au putsch, et qu'en revanche, au nombre des personnes promues par Eltsine, on retrouvait des chefs de l'industrie de l'armement, voire des membres de la garde personnelle du secrétaire général, officiers du KGB. Je pense notamment à des gens comme Mikhaïl Barzoukov ou Alexandre Korjakov qui ne pensaient qu'à supprimer rapidement les libertés en organisant un coup d'État au profit d'Eltsine, lequel ne les a pas suivis. Ce sont eux qui ont poussé à cet autoritarisme qui n'a pas cessé sous Eltsine malgré l'instauration de la démocratie.

V.F. Il faut comprendre le personnage d'Eltsine, et le distinguer de son entourage. Il était l'émanation d'un conte populaire russe, *Ivan le petit sot*, mais doté d'un flair extraordinaire. Le putsch a échoué, il a posé comme incontournable la formule de « non-régression » au système communiste. J'ignore s'il existait un autre choix, dès lors que tout était nationalisé et qu'il n'y avait pas de classe moyenne. Mais il a commis l'erreur de ne pas dire avec qui et comment il entendait dénationaliser.

On prétend fréquemment que la mafia a pris le pouvoir. C'est une sottise. La mafia a joué un rôle d'appoint. Eltsine m'a confié qu'il n'avait eu d'autre choix que de conclure un pacte avec la nomenklatura, c'est-à-dire de l'acheter, pour l'empêcher de revenir au pouvoir. Je ne juge pas, car sachant que la corruption a tué la Russie, j'ignore s'il y avait une autre possibilité que d'entériner un tel accord et de garantir aux hommes d'affaires qu'ils deviendraient milliardaires. En fait, ce sont les anciens politiques, les hommes d'affaires et les anciens barons rouges qui sont devenus propriétaires de biens et de concessions immenses pour des sommes symboliques.

A.A. Encore que certains d'entre eux ont fait preuve d'une telle incompétence qu'ils ont laissé leur place à de nouveaux arrivants, tels Boris Berezovski et d'autres oligarques qui n'avaient aucune fonction dans l'ancien système, mais qui, eux, avaient compris comment le faire marcher.

V.F. C'est après la nomenklatura, les anciens barons rouges et la mafia, la nouvelle composante d'un système qui fonctionne en totale symbiose. Certains Américains, qui ont misé sur l'affaiblissement du pays, ont eu à cet égard une grande part de responsabilité. Cette position a surtout été défendue par des gens comme le politologue et diplomate américain Zbigniew Brzeziński qui pensait que c'était le meilleur moyen de sortir du communisme et qu'il fallait construire autour de la Russie une sorte de cordon sanitaire, avec la participation active de l'Ukraine.

A.A. C'est toute la politique polonaise classique avec les moyens des États-Unis qu'il défend ici[2] ! Quand on l'écoute, les trois ennemis de l'Occident sont dans l'ordre : les Russes, les Allemands et les juifs. Il a d'ailleurs tenté de dire que les juifs jouaient un rôle trop important dans la politique américaine, qu'il faudrait abandonner Israël, tenir la Russie sous la coupe de la Chine et, pour ce qui est des Allemands, dissoudre l'Europe. Pour l'instant, Israël est toujours là, l'euro se maintient. Mais la Russie a subi de plein fouet l'application de ses idées…

V.F. Cette vision des choses a eu des résultats pitoyables. Eltsine, quant à lui, et sans vouloir diminuer ses qualités de courage et de pragmatisme, était un personnage fragile.

A.A. Daniel Leconte a réalisé un film sur ses débuts, *Boris Eltsine, l'enfance d'un chef.* On y apprend que lorsqu'il était secrétaire régional à Ekaterinbourg, il a fait construire des HLM beaucoup moins hideuses que celles que l'on peut voir en France à Sarcelles par exemple, et qu'il s'est impliqué dans la politique sociale. C'est d'ailleurs ainsi qu'il s'est peu à peu affirmé et que Gorbatchev s'est intéressé

---

2. Brzeziński est d'origine polonaise.

à son cas, jusqu'à le faire venir à Moscou. À l'époque, il devait boire un peu, comme tous les Russes, mais il ne fait aucun doute que l'explosion de son alcoolisme est due au stress.

V.F. Je l'ai fréquenté juste avant et pendant le putsch. J'ai toujours été frappé par sa profonde fragilité psychologique, à laquelle il cherchait à échapper par l'alcool et par une forme de séduction narcissique.

A.A. Il cherchait effectivement à plaire, mais pas aux mêmes personnes que Gorbatchev : Gorbatchev aimait plaire à l'intelligentsia, et Eltsine, au peuple.

V.F. C'est vrai mais, élu avec 80 % des voix, il a terminé sa carrière, rongé, bouffi par l'alcool, avec 1 % d'avis favorables. C'était terrible ! On lui a reproché de régner par oukases. Il était imbibé au point d'être surnommé, entre autres, « M. Absent ». Pourquoi en est-il arrivé là ? Parce qu'il a créé un système oligarchique dans lequel 5 % de la population se partageait le gâteau, quand 50 % des Russes frôlaient le seuil de pauvreté.

Eltsine n'était pas un voleur à titre personnel, mais il s'est retrouvé à la tête d'un système totalement corrompu. Il avait promis de débarrasser son pays du KGB et de l'idéologie communiste, mais sa démarche, une fois encore, a été contradictoire. D'une part, il a présenté la nouvelle Russie en héritière de l'URSS ; d'autre part, il a fait du tsarisme sa référence majeure. À vrai dire, il avait décidé de privilégier la réconciliation nationale plutôt que la reconnaissance des crimes du système totalitaire. Cette approche favorisa le concept stalinien de la continuité de l'histoire russe qui prendra de l'essor sous la présidence de Poutine à partir de 2000.

Pour ce qui concerne la sortie du communisme, en revanche, cette période exceptionnelle est à mettre au profit de Gorbatchev et d'Eltsine. Tous les deux vont rester dans l'Histoire, qu'ils ont marquée de leurs faiblesses comme de leurs forces, car ils ont mis fin à un système de gestion qui reposait sur l'assassinat politique, voire sur l'assassinat tout court.

A.A. Il y eut en effet une période continue, de l'avènement de Gorbatchev à la chute d'Eltsine, marquée par l'explosion de la liberté. Je m'en suis rendu compte quand, discutant il y a quelques années avec une jeune femme russe née en 1982, j'ai pris conscience qu'elle n'avait jamais connu cette peur qui pesait sur tout un chacun dans l'ancien système. Évidemment, l'époque actuelle a ses contraintes et connaît des moments plus ou moins faciles, mais elle n'a plus rien à voir avec l'ère communiste. Les trentenaires – bientôt quadragénaires – russes n'auront vécu que cela, de sorte que les souvenirs de l'ancien temps s'estompent et que chaque année gagnée est une année de plus sur la voie de la consolidation de la liberté.

Je te vois hocher la tête en songeant à Poutine, Vladimir ! Mais même si l'on observe un léger recul, il n'est pas absolu : les périodes libérales de l'époque brejnévienne n'ont rien à voir avec les périodes autoritaires de l'époque Poutine, nettement plus propices à la manifestation de la liberté. On dit de la Russie qu'elle recule sur la scène internationale, qu'elle est totalement corrompue de l'intérieur, mais il suffit de mesurer la rupture avec le cercle de la violence pour constater son avancée. Reste que son affaiblissement – doublé d'un ponctuel mais fort recul démographique – a marqué la fin de l'empire.

La chute de la démographie s'explique par un phénomène similaire à l'époque où la Russie était trop arriérée sur le plan économique et trop avancée sur le plan sociologique. C'est un pays où les femmes, comme dans tous les pays modernes, n'acceptent pas d'avoir plus de deux enfants. Mais c'est aussi un pays où les équipements sociaux se sont effondrés, où rien n'est fait pour aider les familles à élever leur progéniture et où le pessimisme moral est généralisé. C'est de cette combinaison que résulte la chute de la courbe démographique qui est d'ailleurs, aujourd'hui, sinon corrigée, à tout le moins enrayée.

V.F. Après Eltsine, le pays ne savait plus vers qui se tourner et a envisagé plusieurs candidatures. Au nombre de ces dernières, il y avait celle du Premier ministre Evgueni Primakov, proche du KGB, plutôt dans la ligne d'Andropov, qui délivrait un message nationaliste.

A.A. Du moins, c'est ce qu'il essayait de faire croire ! C'était un intellectuel qui maîtrisait l'arabe. Andropov l'utilisait dans les affaires arabes parce qu'il était sûr qu'en tant que juif, Primakov ne serait partisan ni de Kadhafi ni du nationalisme arabe le plus outrancier. Parallèlement, Primakov restait fasciné par le fonctionnement du KGB, sans jamais y avoir occupé de hautes fonctions. Dans les années 1998-1999, il est devenu un symbole de la politique alternative avec un message plus modéré et plus proche de celui d'Andropov en faveur de la renaissance de la Russie nationaliste.

V.F. C'est dans ce contexte singulier que l'on assiste à l'émergence de Vladimir Poutine. Au début de l'année 1999, la conjoncture semblait désespérée pour les oligarques du Kremlin, affaiblis par les révélations sur le blanchiment de milliards de dollars par les proches de Boris Eltsine. Les élections législatives se profilant en décembre 1999, et la présidentielle trois mois plus tard, les clans du Kremlin savaient qu'ils étaient à deux doigts de perdre le pouvoir. Il leur fallait trouver au plus vite un moyen de renverser la vapeur.

Le conseiller, principal « nègre » et futur gendre d'Eltsine, Valentin Youmachev, lui avait alors soufflé : « Vous avez un adversaire nationaliste : prenez un successeur plus nationaliste. Vous avez un adversaire proche du KGB : prenez un officier du KGB. Vous avez un adversaire en bonne santé : prenez un jeune, et en meilleure santé. » Le portrait-robot de Poutine était dressé !

Intermezzo 3

Vladimir Fédorovski : Avant d'en arriver à l'actualité de Poutine, il convient d'envisager ce Siècle rouge de façon synoptique sur le thème souvent évoqué de l'empire. La sorte d'éclipse historique que constitue cette période est le fruit de deux processus distincts et parallèles avec, d'une part, l'écroulement d'un régime totalitaire septuagénaire et, d'autre part, la chute de l'Empire russe vieux de plus de trois cents ans.

La fin de l'Union soviétique a sonné le glas de l'Empire russe qui avait manqué s'effondrer en mars 1917 avec la chute du tsar, en raison de la poussée nationaliste de ses colonies. Le processus de décolonisation s'est accéléré avec l'arrivée au pouvoir des bolcheviks en octobre 1917. C'est ainsi que la Pologne devient indépendante, tandis que la guerre civile, conduite de l'été 1918 à la fin de l'année 1921, fait vaciller l'empire. Mais ce n'est qu'un trompe-l'œil, car les conditions de sa consolidation sont créées dès 1922. Prônant le droit des peuples à l'autodétermination, Lénine précise que les membres du Parti communiste devront s'opposer aux tendances nationalistes au profit d'un État fort.

Alexandre Adler : De fait, Lénine n'est pas un adversaire de l'Empire russe, mais un ennemi résolu de l'autorité tsariste. Pour atteindre ses objectifs, il a lui-même besoin d'un État centralisé, projet qui sera consolidé par Staline. Une fois installé au Kremlin en 1924, ce dernier instaure un pouvoir vertical. Au cœur de cette construction se trouve le Parti communiste, puis les services secrets dépendant directement du chef du Parti, qui contrôle également l'armée, les transports, le système monétaire, etc. Cet édifice permettra de reconstituer l'empire.

Les frontières de l'Union des républiques socialistes soviétiques sont réduites par rapport à celles de l'Empire russe de 1913 : la Pologne, la Finlande et la Bessarabie n'en font plus partie, mais Staline va s'employer à reconstituer cette entité. La clé de voûte de sa politique est la construction globalisée du socialisme. La méthode, héritée de Lénine et de Trotski, demeure la terreur politique. Entre 1924 et 1941, Staline tente de faire émerger une grande puissance industrielle capable d'assurer le rayonnement des idées communistes dans le monde. Devenu le Petit Père des peuples, il veut concilier nationalisme russe et marxisme. Il construit une URSS puissante pour assurer la propagation de son influence au niveau planétaire.

V.F. Le national-communisme, caractéristique majeure de son approche, fait de l'URSS le bastion du mouvement communiste mondial, alors que la Russie impériale d'avant 1917 ne prétendait pas à ce rôle messianique. La victoire sur Hitler en 1945 permet à Staline de restaurer les frontières de l'Empire russe, mais aussi de les élargir. Désormais, l'Empire soviétique est entouré par les pays satellites réunis dans un bloc des pays socialistes. La conférence de Yalta, en 1945, sanctionne le partage du monde en zones d'influence, mais à partir des années 1970, la croissance de l'Union soviétique décline, l'inflation grimpe et la pénurie en biens d'équipement et de consommation s'installe dans tout le pays. Un rapport secret avertit que l'URSS risque de ne plus être, en l'an 2000, qu'une puissance de second ordre, voire de rejoindre le tiers-monde.

En 1985, l'arrivée de Gorbatchev au pouvoir va changer la donne. Son objectif est d'enrayer le déclin en amorçant une dynamique de relance économique. La *perestroïka* met en place une politique de réforme des structures visant à atteindre un triple objectif: réduire les dépenses militaires grâce à une politique de détente internationale; accroître la production par une mobilisation des ressources matérielles et technologiques; revivifier la société en lui donnant un langage de transparence: la *glasnost*.

Mais la *perestroïka* essuie un véritable échec dans la gestion des crises interethniques: le 17 décembre 1986, des émeutes éclatent dans la capitale du Kazakhstan. La cohésion de l'Empire stalinien était assurée par la terreur politique. Or, en y mettant un terme, Gorbatchev le dit lui-même: « C'est parti de tous les côtés. » À partir de 1987, les Républiques baltes se placent à leur tour en tête de la lutte anticoloniale; en 1989, à l'occasion du cinquantième anniversaire du pacte germano-soviétique, la population manifeste pour dénoncer les crimes de Staline. Quelques semaines plus tard, des revendications analogues sont exprimées par les Ukrainiens de la région de Lvov. Voici donc l'héritage de Staline placé au cœur du débat par une opinion publique réveillée par la *perestroïka*.

Staline, qui avait une idée stricte du droit des peuples, avait tracé les frontières intérieures de l'URSS à sa convenance, selon le principe « un peuple, une république ». Plus d'une centaine cohabitaient en URSS au sein de quinze républiques, créant une véritable mosaïque de nationalités. Le Caucase en donne des exemples extrêmes. Les Arméniens du Haut-Karabakh, séparés du reste de la population arménienne, disposaient ainsi d'une région autonome placée sous l'autorité de la république d'Azerbaïdjan. La haine réciproque des Arméniens et des Azéris était toujours vivace, mais sous Staline elle ne se manifesta pas. Cependant, la nouvelle liberté acquise sous la *perestroïka* va permettre d'exprimer tout ou presque. Une agitation croissante s'empare de la population arménienne qui veut libérer le Haut-Karabakh de la tutelle de l'Azerbaïdjan. La tension monte entre les deux communautés au point que de véritables pogroms sont organisés contre la population arménienne installée dans une banlieue de la capitale de l'Azerbaïdjan.

A.A. Le KGB n'est d'ailleurs pas étranger à ces actions : les problèmes nationaux sont utilisés par les adversaires de la *perestroïka* pour discréditer les réformateurs. Au cours de cette cruciale année 1989, les dirigeants du Kremlin se rendent à l'évidence : les problèmes nationaux ont été « dramatiquement sous-estimés », comme l'a souligné Gorbatchev.

Parallèlement, et selon la même logique, l'escalade des crises est attribuée aux erreurs du passé. Gorbatchev reste persuadé qu'il peut encore sauver la situation. Prêt à soutenir les intérêts nationaux, mais pas les nationalismes exacerbés, il rêve de sauvegarder l'unité de l'empire en le transformant progressivement. Il prône le respect des traditions et des langues des diverses républiques, tout en s'efforçant de sauvegarder le pouvoir central. Cependant, les nationalistes – baltes et caucasiens en première ligne – font monter les enchères. Comprenant qu'il est en train de perdre le contrôle, Gorbatchev tente d'employer la manière forte.

C'est ici, mon cher Vladimir, que nous allons revisiter en accéléré quelques événements vus précédemment, mais sous l'angle exclusif de l'empire : le 7 janvier 1991, des parachutistes interviennent dans les pays Baltes. Théoriquement, ils doivent empêcher les appelés insoumis de fuir la conscription. Mais, dans la nuit du 12 au 13, le groupe Alpha, composé essentiellement d'agents du KGB, attaque les locaux de la télévision de Vilnius. Simultanément, les conservateurs du Parti communiste local forment un « comité de salut national ». En réalité, il s'agit d'une ultime tentative pour arrêter le processus d'écroulement de l'Empire soviétique, d'une sorte de répétition grandeur nature des plans appliqués à l'échelle de l'Union six mois plus tard. Ces actions sont vouées à l'échec : les dirigeants des trois Républiques baltes se barricadent dans leur Parlement respectif, sous la protection de la foule prête à résister à l'assaut des troupes. Les chancelleries occidentales protestent…

V.F. Et malgré l'ordre de recul donné *in extremis* par Gorbatchev aux hommes du groupe Alpha, la rupture est désormais consommée entre lui et les réformateurs russes. Ces derniers le considèrent comme l'otage du KGB. La preuve en est qu'il s'est abstenu de toute sanction à l'encontre des patrons de l'opération. Devenu chef de l'opposition démocratique, Boris Eltsine ne mâche pas ses mots. Le 19 février 1991, en direct à la télévision, il accuse Gorbatchev d'avoir « trompé le peuple et conduit le pays à la dictature », et réclame sa démission immédiate. Le 10 mars, il poursuit son réquisitoire dans la rue, lors d'une manifestation qui mobilise trois cent mille personnes scandant des slogans hostiles au maître du Kremlin. Eltsine est ovationné par la foule après avoir affirmé qu'il fallait « déclarer la guerre à la direction soviétique ».

Les États baltes poussent donc leur avantage en organisant des « sondages d'opinion » sur l'indépendance, suivis par la Géorgie qui, à son tour, s'émancipe. Gorbatchev essaie alors de sauver au moins une partie de l'empire, sans toutefois se faire d'illusions à propos de l'évolution dans les pays Baltes. Il espère le rétablissement du pouvoir central sur le reste de l'Empire soviétique en s'appuyant sur les résultats du référendum du 17 mars 1991, organisé par son gouvernement sur le maintien de l'« union innovée » dans neuf républiques de l'URSS sur quinze qui avaient participé au vote – 75 % des électeurs étant favorables à ladite union.

Fin avril 1991, Gorbatchev réunit dans sa datcha les dirigeants des républiques concernées et propose une déclaration commune où les participants s'engagent « à faire régner l'ordre constitutionnel et à enrayer la menace de catastrophe économique ». Poursuivant l'équivoque, il évite de préciser si la future union sera une fédération ou une confédération.

Gorbatchev compte sur la signature définitive de cet accord le 20 août 1991. La veille, le putsch éclate, organisé par une junte rassemblant les principaux responsables des institutions considérées comme les piliers du système soviétique : la Défense, l'Intérieur, le KGB, avec le soutien du courant conservateur de la direction du Parti communiste. Gorbatchev est assigné à résidence en Crimée, tandis que les chars entrent dans Moscou. Au bout de soixante heures, le coup d'État prend fin. Son échec est à mettre au crédit de la *perestroïka* qui a rendu impossible le retour du totalitarisme, mais aussi à la détermination de Boris Eltsine et, finalement, à la faiblesse du camp adverse. Le 21 août, Gorbatchev est libéré par les représentants d'Eltsine, et les instigateurs du coup d'État sont arrêtés.

A.A. Le putsch est un moment fatidique. Il a fait imploser en quelques heures les structures centrales du système maintenues depuis soixante-dix ans. Cas de figure sans précédent dans l'histoire mondiale : une nation, en l'occurrence la

Russie, sort de l'empire avec la complicité des deux autres Républiques slaves – l'Ukraine et la Biélorussie.

Une nouvelle époque commence : celle de Boris Eltsine, qui va durer huit ans. Les frontières de la Russie, à l'exception de la Sibérie, conquise plus tardivement, rappellent celles de l'État moscovite du XVIe siècle. Le système de communication, le réseau de gazoducs et d'oléoducs ainsi que les liens économiques ont heureusement été préservés, si bien que même si les structures politiques ont disparu, l'héritage de Staline reste en place.

V.F. Pour autant, à l'orée du XXIe siècle, la Russie de Vladimir Poutine va se chercher. Comme seul antidote à une éventuelle catastrophe nationale, le nouveau président préconisera la renaissance des structures étatiques détruites par le chaos postcommuniste. Il fera diviser le pays en sept superrégions, en vue de renforcer l'État, et considérera les anciennes républiques de l'URSS comme « une zone d'intérêts vitaux » pour Moscou.

Pour imposer ses projets, Poutine brandira constamment la menace de l'éclatement de la Russie, la présentant comme un ensemble d'îles dirigées par la mafia locale et les oligarques. Il verrouillera la presse, définira ses objectifs. Et tous les moyens seront bons pour les atteindre. C'est ainsi que la Russie va vivre dans une sorte de « démocratie contrôlée ».

Qui est Poutine, exactement ? Il offre au moins cinq visages. Le premier est celui d'un James Bond formé et nourri par les services spéciaux, d'abord introduit dans le contre-espionnage au cours des années 1970, puis dans le monde extérieur : un parfait produit du KGB. Deuxième et troisième visage : un gestionnaire efficace, adjoint au maire démocrate de Saint-Pétersbourg ; puis, à la fin des années 1990, un haut fonctionnaire chef des services secrets, choisi pour défendre les intérêts d'Eltsine et de sa famille. Le quatrième Poutine fut le Premier ministre de la guerre de Tchétchénie : un personnage à la réputation sulfureuse, parvenu au pouvoir en août 1999 dans un climat crépusculaire de fin de règne et à la faveur d'un conflit meurtrier avec cette petite république séparatiste du Caucase. Fin manœuvrier, il joua habilement des clans politiques pour s'imposer comme successeur inattendu du « tsar » Boris.

Enfin, le cinquième visage est celui de l'homme fort du Kremlin affrontant les défis majeurs du XXIe siècle. Élu président en mars 2000, réélu en 2004, Premier ministre en 2008, il a si bien établi son emprise sur le pays que son autorité perdurera encore longtemps. 2012 est la prochaine échéance, Dimitri Medvedev, président en titre depuis 2008, ne disposant d'aucune réelle autonomie. Mais commençons par le commencement…

Chapitre VIII
Poutine ou le triomphe posthume d'Andropov

Alexandre Adler : Comment Poutine a-t-il succédé à Eltsine ? C'est tout simple. Il y avait trois candidats à la présidence : un vieux du KGB, un adversaire du KGB et un proche du KGB carrément nationaliste. Puisqu'il n'y avait pas d'autre choix que de s'en remettre au KGB, il apparut préférable de rajeunir et de moderniser les cadres. Poutine a d'autant mieux joué ce jeu qu'il avait commencé sa carrière politique intérieure en tant qu'adjoint du maire de Saint-Pétersbourg, Anatoli Sobtchak – le plus démocrate des réformateurs – et qu'il avait été chassé de son poste, de même que son patron, par les mafieux, dès 1995.

Poutine passait donc pour avoir souffert en défendant des idées libérales et présentait un certain nombre de garanties.

Cela étant, pour succéder au Premier ministre Primakov, le choix initial d'Eltsine s'était porté sur un autre officier du KGB, Sergueï Stepachine, lequel, à peine nommé, avait commencé à s'entendre avec Primakov dont il jugeait le retour inévitable. L'un et l'autre, parce qu'ils étaient des modérés dans l'âme, avaient recommencé à négocier avec les Tchétchènes. Stepachine est écarté, Vladimir Poutine nommé à sa place. Et c'est là que, à peine arrivé aux commandes, il déclare vouloir « buter les Tchétchènes jusque dans leurs chiottes » et poursuivre la modernisation, sans pour autant revenir, quitte à l'infléchir, sur la société créée par Eltsine. C'est ce message à la fois de fermeté face aux dissidences et au terrorisme, et de modernité en termes économiques qui était attendu par les Russes, et qui explique l'élection de Poutine en mai 2000 à la présidence de la Fédération.

Vladimir Fédorovski : Poutine a été élu, mais grâce aussi à un certain nombre de parrains, comme le voulait le caractère très structuré du système oligarchique. Dans ses rangs, on repère un personnage emblématique, Boris Berezovski, doté d'une fortune colossale, qui a purement et simplement adoubé Poutine. Pourquoi ? Parce que l'oligarchie voyait en Primakov un véritable adversaire et qu'elle ne voulait surtout pas qu'il revienne aux affaires. Cela montre encore une fois que la politique est imprévisible, surtout les politiques russe et arabe : de fait, si l'on s'étonne que personne n'ait vu venir le Printemps arabe, il ne s'est pas trouvé un seul analyste au monde pour prévoir la fin de l'Union soviétique et le choix de Poutine. C'est un choix qui s'est fait « au flair » et qui s'est porté sur un homme totalement méconnu du public occidental !

Poutine a certes bénéficié du parrainage des oligarques, mais aussi de celui de la force structurée des anciens des services spéciaux. Le KGB, en plein désarroi dans les trois mois qui ont suivi le putsch manqué, s'est peu à peu ressaisi sous Eltsine et s'est pratiquement rétabli sous Poutine qui en était devenu le patron à la fin de l'ère Eltsine, de juillet 1998 à sa nomination comme Premier ministre en août 1999.

Le KGB – désormais FSB, Service fédéral de sécurité – a choisi d'enrayer le recul de la Russie, de changer le système sans en modifier le fonctionnement sur le fond, en prenant lui-même la place de l'ancienne oligarchie de manière à se garder toute la part du gâteau. De ce point de vue, Poutine bénéficiait d'une double filiation du fait de sa défense des idées libérales à Saint-Pétersbourg et de son appartenance aux services secrets.

Le nouveau maître du Kremlin a surpassé dans l'art politique aussi bien Gorbatchev et son ambiguïté, qu'Eltsine et son flair. Au départ totalement inconnu, il a ainsi su s'imposer grâce à la télévision et à sa capacité à utiliser le « code mental du pays ».

Comment Poutine s'y est-il pris ? Dès sa nomination comme Premier ministre, il a prononcé cette phrase que tu as rappelée, absolument incroyable et parfaitement calculée, bien que pouvant passer pour un dérapage – je sais qu'il l'a testée à plusieurs reprises auprès de ses collaborateurs, de ses conseillers et de son entourage : « On va buter les Tchétchènes jusque dans les chiottes ! » La formule est certes choquante, y compris pour les Occidentaux, mais elle est très bien passée. Pourquoi ? Parce que le pays était criminalisé, qu'il vivait dans un sentiment de recul et d'humiliation, et que les Russes, après avoir vu pendant des mois sur leur petit écran le visage complètement bouffi d'Eltsine, ont apprécié l'image et la fermeté de Poutine, lorsqu'il a pris le micro après le journal télévisé du soir.

C'est par cette formule, par son image et par l'habileté de son utilisation du code mental du pays qu'il s'est imposé, sans oublier le soutien que lui ont apporté les oligarques, l'armée et le KGB – les trois piliers de son système. Il faut dire que dans cette affaire, les gens qui, comme Boris Berezovski, pensaient tenir leur tsar se trompaient lourdement, car, à peine élu, un tsar vous tient. La donne allait changer. Ainsi, le premier acte de Poutine a été de limoger Boris Berezovski parce qu'il en savait trop. Sa liquidation a été si radicale que Poutine, lorsqu'on lui a demandé ce qu'il pensait du personnage, a répondu : « Mais qui est Berezovski ? »

A.A. Comme on dit dans les jeux télévisés : « Il est reparti avec ses gains en troisième semaine. » De fait, il a pu partir pour Londres avec pas mal d'argent. Poursuivi pour fraude et évasion fiscale par le parquet russe, il jouit aussi de la nationalité israélienne et vit actuellement en exil. Londres refuse son extradition pour des motifs politiques.

L'affaire Berezovski a été emblématique de la construction du système Poutine dans la mesure où elle instaurait la règle suivante : si vous suivez mon jeu, je peux vous laisser des avantages non négligeables, mais dans le cas contraire, vous êtes foutu ! Dans la seconde hypothèse, soit on était comme par hasard assassiné – les assassinats politiques se sont alors multipliés –, soit on était mis à la porte comme l'a été Berezovski. Il s'est trouvé des gens pour tout comprendre et faire tout de suite allégeance au nouveau tsar en cédant une partie de leur fortune pour conserver le reste.

Contraints de mettre un genou à terre, les oligarques ont perdu en termes d'influence politique et de pouvoir économique, mais ont été préservés. Certains, aujourd'hui installés en Europe de l'Ouest, ont tenté, à l'instar de Berezovski, de se rebiffer. Un seul a voulu tenir tête jusqu'au bout : Mikhaïl Khodorkovski, ancien PDG de la compagnie pétrolière Ioukos et première fortune de Russie. Il est incarcéré depuis 2004 pour « vol par escroquerie à grande échelle » et « évasion fiscale », accusations qu'il réfute, bien évidemment.

V.F. L'homme le plus riche de Russie avait fait fortune dans la pétrochimie, laquelle représente peut-être la clé de l'avenir du pays. Conscient de sa qualité de pétrolier le plus important de Russie, il a essayé de conduire sa propre politique, de façon tout à fait indépendante, en misant sur les tracés des oléoducs non pas vers la Chine, mais vers les États-Unis, en créant une sorte de lobbying au sein du parlement russe pour qu'il vote les lois qui lui étaient les plus favorables. Poutine l'a alors cassé et envoyé en prison où il finira peut-être ses jours. Pour autant, la vie est longue et les aléas de la politique fort imprévus. L'Histoire prouve que la meilleure façon de faire une carrière politique en Russie est de passer par la prison : ce fut le cas autrefois pour un certain Staline…

Que lui reprochait-on ? D'avoir voulu tenir tête au système Poutine – tout à fait homogène, verrouillé, où une trentaine de personnes appartenant soit aux services, soit au cercle de Saint-Pétersbourg se partagent l'ensemble des matières premières du pays. Il faut être conscient de la nouvelle donne : Poutine en a fini avec les tentatives de décentralisation prônées d'abord par Gorbatchev, ensuite par Eltsine. Globalement, il se resitue dans la ligne d'Andropov et de la Chine. Il a rétabli l'autorité de l'État, arguant que sa destruction avait conduit au chaos, et instauré un système oligarchique, avec un simulacre d'opposition parlementaire qui ne compte que d'anciens membres du KGB ou des communistes complaisants à son égard. Le clan pro-occidental, quant à lui, a proprement été éliminé du Parlement.

A.A. Sur ce point, je formulerai quelques objections. S'il est indéniable que Poutine est revenu à Andropov, lequel demeure son grand modèle, il est aussi revenu à Brejnev. En effet, le système brejnévien reposait à la fois sur une centralisation très forte et apparente du pouvoir, assortie d'une stricte hiérarchisation, et, ce qui lui donnait une certaine solidité, sur une forte coalition.

Au sein de la direction et à tous les niveaux de responsabilité, on trouvait des hommes qui n'étaient pas censés penser de la même façon. C'est particulièrement vrai aujourd'hui puisque, par exemple, le ministère des Finances est resté aux mains des libéraux – autoritaires sans doute, mais tout de même libéraux. De même, alors que Poutine est clairement le patron, Dmitri Medvedev utilise néanmoins sa fonction de président pour faire prévaloir des idées s'apparentant plutôt au courant libéral, jusqu'à faire naître dans l'opinion des illusions aujourd'hui bien déçues.

Ainsi, à l'intérieur de ce pouvoir se perpétue, bien que de manière plus soumise, le vrai débat d'idées qui a toujours existé en Russie quand il n'a pas été supprimé par la terreur !

V.F. Je ne partage pas ce point de vue : Poutine a instauré un système homogène, où les rôles sont distribués, et qui n'est pas sans rappeler (en cela je te rejoins) le système Brejnev, avec les colombes et les faucons pour la galerie, autrement dit les Occidentaux.

Sous Poutine, il s'agit d'une sorte de façade où les rôles sont distribués comme ils l'étaient autrefois dans le Bureau politique : on vous nomme colombe, et vous jouerez la colombe, mais demain, si l'on vous nomme faucon, vous serez faucon ! Dans le système Poutine, le personnage du « libéral » a été attribué à son collaborateur direct, Medvedev, qui a un aspect et un discours assez policés, et qui joue merveilleusement son rôle. D'où la prétendue rivalité, à mon sens purement légendaire, censée opposer les deux hommes. C'est un système de verrouillage politique, de verrouillage clanique qui n'empêche pas que s'exerce une certaine surenchère dans l'entourage de Poutine quant au partage du gâteau.

Cela étant, quand on étudie de près le processus de décision, il est clair qu'il relève exclusivement de Poutine et que tout dérapage contraire à ses intérêts est corrigé sur-le-champ.

Il reste l'homme fort du système qui, à cet égard, renoue avec la tradition autoritaire de la Russie et les messages d'Andropov et de Deng Xiaoping. Le système, qui s'accompagne d'une certaine ouverture économique et internationale, doit rester stable.

Pour ce qui me concerne, je pense que l'avenir de la Russie se joue, au niveau international, sur le plan purement stratégique qui, lui, donne lieu à de véritables dissensions. De fait, l'entourage du KGB se réclame d'une tradition plutôt slavophile qui permet de jouer sur tous les tableaux et qui, écartant d'emblée tout ralliement à l'Occident, table sur un rapprochement avec la Chine grâce aux atouts que représentent le gaz et le pétrole.

A.A. Je suis entièrement d'accord sur le fait que la période d'Eltsine a représenté un espace de liberté et qu'il fallait en passer par là. Quels qu'aient pu être les moments erratiques de ces huit premières années de la Russie post-communiste, une dialectique de forces sociales nouvelles – médias affranchis de la censure, centres de pouvoir politico-financiers en concurrence ouverte les uns avec les autres et recherches esthétiques et religieuses nouvelles – s'est bel et bien mise en place.

Maintenant, je maintiens que Poutine a été indispensable, qu'il a permis d'éviter le pire, et que son système est moins cohérent que tu ne le décris…

Indispensable : parce que la faiblesse de l'État, son incapacité à maintenir un semblant d'ordre dans le Caucase ou à diffuser suffisamment les fruits d'une nouvelle croissance fondée sur le commerce des matières premières exigeaient une authentique reprise en main des rouages les plus grippés de l'État.

Il a permis d'éviter le pire : nous avons été débarrassés en effet des fascistes russes les plus retors, notamment dans l'armée, avec l'ancien chef d'état-major Kvachnine, et dans les organes de sécurité, qui se sont mis à obéir à un seul homme, opposé au racisme et à l'intolérance nationale et religieuse.

Il est moins cohérent qu'on ne le croit : admirateur sincère d'Andropov, il arbitre sans cesse entre des instincts contradictoires, un antistalinisme bien naturel chez le fils d'une victime des purges de 1952, des penchants pro-occidentaux qu'il lui arrive d'exprimer avec une certaine candeur, et un histrionisme déplaisant.

Reste à voir les perspectives de politique internationale, qui sont un autre aspect du problème.

V.F. Cette question, je la dramatiserai au maximum. Les civilisations européenne et russe sont toutes les deux menacées face à l'islamisme et à l'émergence de la Chine. Cette dernière constitue un péril de fond pour la Russie : alors que l'Extrême-Orient se retrouve de plus en plus sous la coupe de Pékin, la Sibérie, dont la situation est aujourd'hui totalement occultée, est d'ores et déjà envahie par les clandestins chinois : des centaines de millions de Chinois sont massés au long de la frontière, pour seulement sept millions de Russes, disproportion colossale ! Il serait dommageable tant pour l'Occident que pour la Russie de s'éloigner l'un de l'autre, et que certains jouent sur tous les tableaux en tentant de renouer, et avec la Chine, et avec les anciens alliés de l'URSS…

A.A. C'est la théorie de ceux que l'on a appelés « le syndicat des mécontents », groupe plus ou moins informel réunissant tous les mécontents ponctuels de la mondialisation, dont la Chine, l'Inde, l'Iran, le Venezuela de Chavez et ses affiliés latino-américains, Cuba et, naturellement, le monde arabe, que l'on espère monter contre l'Occident.

Il existe une stratégie opposée qui s'inspire de celle d'Andropov – car s'il en fut un pour critiquer le tiers-mondisme et l'esprit d'agressivité internationale, ce fut bien lui. En la matière, sa position était de loin plus conséquente qu'en politique intérieure, où il hésitait à démanteler les mécanismes répressifs du système. En politique internationale, c'est lui qui avait une stratégie européenne et une stratégie conciliatrice avec les forces qui étaient à ses yeux importantes en Europe ! Aujourd'hui, quand on voit Poutine et son côté baroque, il apparaît évident qu'il suit malgré tout un livret hérité d'Andropov, consistant à s'entendre avec la social-démocratie allemande, avec le gaullisme français, le personnage de Berlusconi l'amusant en tant qu'oligarque. La grande idée du triumvirat, de la troïka européenne consistant à réunir Chirac, Schröder et Poutine – idée qui a émergé de la crise de 2003 lors de la rencontre à l'ONU contre l'invasion de l'Irak – est directement issue de la pensée d'Andropov.

L'objectif d'Andropov était de flatter les pulsions gaullistes en France et neutralistes de la social-démocratie en Allemagne – en faisant miroiter la réunification –, alors qu'on mise aujourd'hui sur l'attrait du seul pétrole. La manœuvre s'est un peu infléchie par la suite parce qu'Angela Merkel, pour avoir elle-même été sujette de l'Union soviétique, a fait preuve de plus de méfiance que Schröder, et parce que Nicolas Sarkozy est parti dans une politique antirusse tout feu tout flamme, avant de revenir à la position chiraquienne, avec réserve, au lendemain de la crise géorgienne.

S'ils ne sont les meilleurs ni en matière économique ni en matière politique, les Russes comptent parmi les meilleurs en terme de stratégie – ils jouent d'ailleurs aux échecs comme personne ! Et ils sont revenus à la stratégie réformatrice d'Andropov, qui visait à accrocher la Russie à l'Europe comme l'avait fait en son temps Gorbatchev sans toujours bien savoir comment exploiter les événements.

Quelles que soient tes inquiétudes, Vladimir, l'enjeu actuel demeure le même : il s'agit de défendre cette idée d'un arrimage européen contre les idées archaïques de rapprochement avec la Chine, dont l'autoritarisme est admiré à contre-emploi, et avec les vieux alliés du tiers-monde antiaméricains. Il suffit pour s'en convaincre d'observer la violence des réactions que suscite chez les Russes le Printemps arabe : avec un peu d'exagération, ils y voient une avancée sans aucune nuance de l'islamisme et interprètent la défaite de Moubarak comme le signe avant-coureur de l'arrivée de la république islamique au Daghestan ! Il y a là un vrai débat et je ne suis pas d'accord pour dire que le KGB dans son ensemble ait été slavophile.

Le front antioccidental se trouve aujourd'hui battu à plates coutures en Russie et l'on observe une très forte inflexion vers un retour à une politique, non pas américaine mais européenne – avec des exagérations rhétoriques, car je ne pense pas que les Frères musulmans soient encore hégémoniques au Moyen-Orient. C'est, selon moi, là que se situe l'avenir de la Russie, conformément à un schéma qui a été réfléchi soigneusement, pensé lentement, qui a mûri sous Brejnev alors que cette vision n'était pas majoritaire, qui s'est épanoui trop vite et trop tôt sous Gorbatchev sans savoir-faire stratégique, et qui se réaffirme aujourd'hui seulement, avec des chances raisonnables de réalisation.

V.F. Ce qui est en question, c'est la survie même de nos deux civilisations face aux dangers communs que sont la Chine et l'islamisme. Il est essentiel que les dirigeants, mais aussi les peuples européens, les opinions en prennent conscience. Pour les Russes, ces dangers sont bien réels. Ils présentent deux aspects que je souhaiterais mettre en relief.

D'abord, il existe une véritable affinité entre l'Occident et la Russie concernant l'Afghanistan, non seulement en terme de stratégie, mais aussi pour la simple raison qu'aujourd'hui la Russie est en passe de devenir le premier consommateur d'héroïne venant d'Afghanistan, devant l'Europe.

En second lieu, on s'aperçoit en consultant les sites d'Al-Qaida que l'organisation projette qu'il y aura, demain, une chaîne de califats traversant, à partir de Boukhara, les régimes aujourd'hui obsolètes, mal gérés et rongés par le chômage, de l'Asie centrale et du Caucase du Nord. Il ne faut pas sous-évaluer cette perception du danger par les Russes, d'une part parce qu'ils sont souvent des spécialistes de l'Orient, d'autre part parce que Poutine est un ancien du KGB qui applique à l'État la méthode de gestion de ses agents.

Quand il envisage de redorer le blason de la Russie et de réinstaurer son influence, sachant que les blindés sont obsolètes et l'arme atomique trop coûteuse, il pense naturellement au pétrole et au gaz. Aussi, tout ce qui peut faire grimper le cours du pétrole, comme la pagaille qui règne dans les pays du Maghreb, est pain béni pour la Russie : la révolution arabe, la percée des Frères musulmans sont, à côté, des préoccupations secondaires ! L'enjeu pour le futur autour de la guerre du pétrole tient à cette alliance, d'abord avec l'Allemagne, ensuite avec la France et l'ensemble de l'Europe.

A.A. Ce souci est poussé jusqu'à prendre la mesure de l'obstacle que représenterait une Pologne antirusse, d'où le rapprochement spectaculaire qui a débuté il y a deux ans et qui va jusqu'à l'ouverture des dossiers de Katyn, que l'on pensait scellés à double tour. C'est donc une politique qui ne manque pas de subtilité, tant il est vrai que les Polonais, seuls Européens hostiles à un tel rapprochement, sont en train de basculer vers un consentement lucide à l'axe Paris-Berlin-Moscou, mais élargi à Varsovie.

L'action conduite par Poutine, loin d'être ubuesque ou régressive, est une politique moderne qui prend le pas sur celles des vieux nostalgiques disposés à faire dans tous les domaines des concessions à la Chine, à relancer l'Union de Shanghai, tous projets qui volent en éclats devant le dynamisme et la puissance de Pékin, dont les préoccupations mondialistes sont à l'évidence ailleurs.

Le résultat est là : nous avons une vraie proposition européenne des Russes et nous serions très fautifs, nous Européens, de ne pas y répondre, tout en gardant naturellement notre identité et en faisant valoir nos exigences.

V.F. J'abonderai en ce sens car les hommes, Poutine compris, viennent et passent, tandis que les alliances perdurent et dépassent les enjeux personnels. Pourquoi, par exemple, l'idée d'Union méditerranéenne n'est-elle pas passée ? Avant tout parce que les Allemands jugeaient qu'il n'y avait pas de bases matérielles pour un accord avec le Moyen-Orient alors qu'ils estimaient qu'il y en avait avec la Russie. Ils ont joué la carte du gaz et du pétrole contre la technologie occidentale et, pourquoi le cacher, celle des affinités dues aux racines chrétiennes des deux civilisations.

A.A. Deux événements doivent être mis en avant. D'une part, la Chine vient d'ouvrir la porte du Kazakhstan avec des accords dans tous les domaines. Les Russes sont absolument abasourdis de voir cette région basculer vers Pékin où elle exporte tout son pétrole. D'autre part, ils observent la remontée des Frères musulmans dans tout le monde arabe. Aussi, de mon point de vue, le contexte affaiblit considérablement les partisans de la politique du « front des mécontents » au moment même où le gouvernement Obama n'est plus en mesure de poursuivre sa politique de « cordon sanitaire » en Europe de l'Est et en Ukraine, si tant est qu'il le veuille encore, ce qui n'est pas prouvé.

V.F. Reste l'autre question : la fin du Siècle rouge a-t-elle abouti à l'installation d'une Union soviétique repensée différemment ? En d'autres termes, l'empire peut-il être rétabli et sous quelle forme ?

A.A. À cet égard, il convient de souligner que ses partenaires ne sont plus les mêmes. Complètement tournés vers l'Union européenne, les pays Baltes ne reviendront jamais en son sein. À l'autre pôle, les pays musulmans de l'Asie centrale et du Caucase se sont réorientés. Grâce au président Ilham Aliev, personnage d'une grande subtilité, l'Azerbaïdjan joue un rôle de bascule entre la Turquie et la Russie, mais ne tombera jamais ni d'un côté ni de l'autre.

Pour ce qui est des grands pays de l'Asie centrale, rien n'est joué : par exemple, l'Ouzbékistan, le plus important d'entre eux avec la ville historique de Samarcande, est gravement menacé par un courant islamiste, et, défendant ses intérêts vers le sud, il entraîne la Turkménie et le Tadjikistan. En revanche, le Kazakhstan, où l'islam est beaucoup moins fort et qui abrite une communauté russophone très importante, rompra d'autant moins avec la Russie que les Kazakhs craignent que la Chine ne finisse par les engloutir.

Il y a là des différences notoires et, en réalité, reconstituer l'Union soviétique, c'est revenir au point où elle en était quand Eltsine l'a abattue, à travers une alliance avec les dirigeants ukrainiens, c'est-à-dire un pays formé de la Russie, de l'Ukraine, de la Biélorussie, ainsi que du Kazakhstan, de la Kirghizie, probablement d'une Géorgie moins hostile et, bien sûr, de l'Arménie, qui a toujours été le pion de la Russie dans la région. Ce n'est donc déjà plus tout à fait l'Union soviétique.

Pour autant, les Russes ont gagné le cœur des orthodoxes slaves, c'est-à-dire, comme au XIXe siècle, des Serbes, des Bulgares – le Monténégro est une colonie de l'oligarchie russe – qui demeureront orientés vers la Russie par crainte de nouvelles puissances turques, de l'islam et par méfiance à l'égard du catholicisme slave, des Croates ou autres. La Russie a donc des cartes à jouer, mais dans un espace qui n'est plus exactement l'espace soviétique.

V.F. Comment gérer cela ? La résolution de ce problème nécessitera de la subtilité, et reposera objectivement, d'un côté sur le gaz et le pétrole et, de l'autre, sur les racines de l'Europe « de l'Atlantique à l'Oural » qui représente une base tout à fait viable face à des dangers communs.

Cela étant, je reste des plus circonspects face au système Poutine, dont je considère qu'il est au final contreproductif. À la fin de Gorbatchev, et dans les premières années de son arrivée au pouvoir, Poutine a eu la possibilité de s'appuyer sur une intelligentsia profondément proeuropéenne et de faire évoluer la Russie en ce sens. Il a fait un autre choix, qui a consisté à créer un système oligarchique au prix d'une corruption effrénée et qui a privé le pays de tout véritable débat d'idées et des libertés fondamentales d'expression. Humainement, politiquement, géopolitiquement, durant toutes ces années, le pays a régressé.

A.A. Pourtant, il tient avec Medvedev le même discours que toi sur l'intelligentsia technicienne : c'est notamment de lui que vient l'idée d'une ville moderne pour l'informatique, Skolkovo, projet qui n'est nullement le fruit de l'oligarchie. Comme le disait La Bruyère : « L'hypocrisie est l'hommage que le vice rend à la vertu. » Et ce n'est pas si mauvais signe !

V.F. La politique fait partie du théâtre, mais le système a tellement été verrouillé que la grisaille, le plomb et la cendre se sont abattus sur la Russie. Avec Poutine, la peur est revenue. Au cours des dernières années, le nombre des assassinats a été multiplié par dix. La clé de son succès est cette manne pétrolière qui a accompagné son retour au pouvoir. Or, son gouvernement a été incapable d'en profiter pour conduire une véritable politique économique et industrielle avec les pays voisins dont dépendait la survie de la nation.

Je maintiens qu'à partir de cette « baraka » on peut construire des alliances dépassant les enjeux personnels. L'avenir du pays passera par la transparence et la concurrence politique avec laquelle les Russes, privés de traditions démocratiques, viennent de renouer. Tout un apprentissage incompatible avec le verrouillage des libertés. La véritable question est de savoir s'il est profitable d'étouffer un pays. Les Chinois y répondent par l'affirmative. Je pense bien évidemment le contraire.

À ses nouveaux atouts, la Russie peut ajouter celui de sa jeunesse, dont l'esprit est assez différent de celui de la jeunesse européenne. Contrairement aux Français, les Russes, surtout dans les grandes villes, ne sont pas d'un tempérament pessimiste. Quand on leur parle des trente-cinq heures, ils se marrent : pour eux, la réussite et la survie personnelles sont la clé de tout. Ce dont ils rêvent n'est pas de s'installer en Europe, mais d'y venir dépenser l'argent qu'ils gagneront.

A.A. Poutine en est un bon exemple, qui aime beaucoup l'Allemagne comme partenaire, mais qui préfère la France comme lieu de villégiature… Finalement, histoire de t'asticoter un peu, Vladimir, je dirai que la période Poutine n'a pas été inutile comme phase de transition.

V.F. Transition ou éternité ? Revenu en 2012 au Kremlin, il s'appuiera sans doute sur les possibilités données par la Constitution pour se présenter au prochain mandat, et dirigera donc encore huit années ! Avec des partis défendant des idées différentes qui seront bâillonnés ou éliminés.

A.A. C'est avec le cinéaste Pavel Lounguine, au cours de cette mémorable soirée où il m'a confié que Gorbatchev n'avait rien à dire, que nous avons songé que, finalement, Poutine était le personnage autoritaire qui nous aura évité de sombrer dans le fascisme russe. J'en demeure persuadé car le projet d'Evgueni Primakov, même si le personnage lui-même n'avait rien d'un fasciste, était bien plus inquiétant : il prévoyait une reprise en main traditionnelle avec tout ce que cela pouvait comporter en termes de résistances et de violences.

Poutine est malgré tout parvenu à gagner les élections, indiscutablement avec le soutien de certaines forces autoritaires, mais aussi avec un programme de consolidation des principaux acquis des périodes Gorbatchev et Eltsine, auquel il s'est tenu, derrière des apparences parfois déplaisantes.

Certes, son style est contestable. Quand il est parti avec sa Lada jaune en direction de la Sibérie pour faire la publicité de la maison Lada, accompagné d'une caravane de quarante voitures et de tous ses gardes du corps en ordonnant qu'on ne filme que son seul véhicule, quand il a feint de dompter un tigre dans sa cage alors que des dizaines de dompteurs se tenaient prêts à intervenir et à viser la bête préalablement endormie, quand il a survolé en hydravion les incendies, il a donné une image qui relève d'un folklore que l'on apprécie ou pas… Ayant la culture de l'intelligentsia russe, non seulement cette image me laisse sceptique, mais elle me met parfois hors de moi : j'estime que la Russie ne doit pas être traitée comme un pays forain.

Après avoir laissé cette ire s'exprimer, j'observe néanmoins que, mis à part certaines spoliations comme celle de Khodorkovski, certaines « reprises en main » et la persistance de la corruption, le système économique n'a pas été changé. Contrairement à ce que l'on a raconté, l'économie d'entreprise a été rétablie pour longtemps et la situation s'est nettement améliorée.

Ainsi, si l'on excepte cette année 2010 qui a été marquée par la grande sécheresse, la Russie a repris sa place d'exportatrice nette de produits agricoles, et notamment de céréales, alors que, sous Brejnev, chaque année donnait lieu à une véritable et pitoyable comédie pour fixer la quantité de céréales devant être achetée aux États-Unis et ailleurs. De même, quiconque va aujourd'hui à Moscou et se met en quête d'aspirine trouve des pharmacies ouvertes et fort bien approvisionnées. C'est une autre vie !

Concernant les libertés, elles ont fait, il est vrai, l'objet d'un tour de vis considérable, en particulier s'agissant des médias audiovisuels qui sont totalement contrôlés, comme le faisait, en son temps, Alain Peyrefitte avec les titres du journal télévisé. Mais rien de plus ! Des journaux sont publiés de façon non clandestine, qui expriment une certaine opposition ; tous les titres importants sont aujourd'hui traduits en Russie car la liberté d'impression des livres est totale, de même que la liberté de déplacement. Actuellement, les Russes, dès qu'ils ont de l'argent, vont, pour les plus riches à Courchevel, pour les moins riches à Paris. La liberté de fonder une petite entreprise existe, et je préciserai que, dans la banlieue de Moscou, tout un quartier a élu un nouveau maire, d'origine béninoise, marié à une Russe. Tout cela est un spectacle insensé pour qui a connu l'Union soviétique des précédentes décennies, et doit être mis au crédit de l'époque Poutine, sinon au crédit du chef lui-même.

Lors d'un colloque auquel j'ai été invité, il y a deux ans, à Moscou, notre guide accompagnateur était non pas un agent du KGB, mais un Américain employé de l'agence de presse Novosti, installé à Moscou pour l'amour d'une jolie Russe ! Les temps ont donc radicalement changé. L'attitude détendue que l'on observe aujourd'hui et la présence de la jeunesse que tu as évoquée, Vladimir, sont frappantes. Pour parodier les propos du maréchal Joffre : « Je ne sais pas qui a gagné la bataille de la Marne, mais je sais qui l'on aurait accusé de l'avoir perdue », je dirai que j'ignore si Poutine a sauvé les acquis de la révolution démocratique des années 1980-1990, mais je sais qui l'on aurait pu accuser de les avoir perdus.

Le point noir, tout le monde le connaît : la Tchétchénie. Elle casse l'image de la Russie, comme l'Algérie a détruit la IVe République jusque dans ses grands succès. C'est un problème qui n'est pas près d'être résolu. À cet égard, je voudrais rappeler que le Caucase est en fait une région de l'ancienne Union soviétique qui s'est trouvée pour des raisons administratives et par la volonté de Staline dans le territoire de la Russie, bien qu'elle soit tout aussi allogène que l'Azerbaïdjan voisin, lequel est maintenant indépendant.

Staline n'entendait pas rassembler toutes les tribus du Caucase dont il se méfiait, de sorte que la région a été hachée en petites provinces ou républiques autonomes les unes par rapport aux autres. Comme cela fonctionnait mal, dès les années 1930, le Caucase s'est partiellement révolté à l'approche des troupes allemandes. Les Tchétchènes ont collaboré avec les Allemands, qui les ont occupés pendant un an, et ont ensuite été déportés, de même que les Ingouches, eux aussi musulmans, en violation de tous les droits, national comme international. Staline les a jetés sur des terrains vagues au Kazakhstan et en Ouzbékistan. Sans avoir été un génocide, ce fut un absolu déni de justice. D'autres républiques comme le Daghestan n'ont pas connu le même sort, ce qui explique aussi qu'elles aient été plus calmes…

En 1957, Khrouchtchev a pris une résolution réparatrice permettant à ces populations de revenir sur leurs terres, mais le mal était fait : les Tchétchènes, devenus violemment antirusses, ont constitué un noyau oppositionnel dans le Caucase du Nord. Quand la *perestroïka* leur a permis de relever la tête, on a vu émerger un personnage invraisemblable, le général Djokhar Doudaïev, qui, après avoir commandé une base aérienne importante de l'armée soviétique, s'est transformé en une sorte de Yasser Arafat tchétchène.

Ce n'est pas le prétexte dont se sont saisis les Russes pour faire la guerre ; au contraire, ils n'ont eu de cesse, surtout Eltsine, de négocier pied à pied avec eux. Si une première tentative malheureuse n'a pas abouti, elle a donné lieu à une seconde négociation avec le général russe Lebed en 1996 et à l'indépendance tchétchène, laquelle ne s'est nullement traduite par une volonté de conciliation des Tchétchènes, mais par une montée en puissance et du gangstérisme, et de l'agressivité antirusse, sur fond de présence croissante d'Al-Qaida.

À la fin des fins, quand les Russes attendaient peut-être la provocation, l'invasion du Daghestan voisin par les Tchétchènes, qui soutenaient des insurgés wahhabites dûment agités par Al-Qaida, a ouvert à nouveau la boîte de Pandore. La deuxième guerre est devenue effective, sans être davantage une provocation russe que la première. L'exercice gratuit de la cruauté des militaires russes à l'égard des bons Tchétchènes est une vision erronée des choses : il s'agissait d'un conflit national, par nature difficilement expiable.

Il se peut d'ailleurs que la logique des choses et le droit des peuples à disposer d'eux-mêmes conduisent un jour à l'indépendance du Caucase du Nord. Aussi longtemps que la Russie sera isolée, maltraitée, battue, foulée aux pieds et aura le sentiment de sa propre faiblesse, elle ne pourra rien céder au Caucase du Nord. Elle le fera peut-être un jour, mais certainement pas dans une période d'affaiblissement, comme le croit André Glucksmann. Elle agira seulement dans une période de rétablissement de la puissance russe, selon le même processus qui a interdit à Guy Mollet, mais permis au général de Gaulle, de lâcher l'Algérie. Il s'agira alors de voir s'il y aura une possibilité non pas de donner cette région aux amis d'Al-Qaida, mais de créer une sorte de confédération du Caucase du Nord avec le Daghestan, les Ingouches et d'autres, dirigée par des éléments prorusses, moyennant des garanties réciproques.

Avant d'en arriver là, il reste beaucoup à faire. La guerre continue, les attentats aussi, et si l'on peut déplorer, comme je le fais moi-même, la décomposition des forces de répression russes dans le Caucase du Nord, j'attends très franchement de voir quel magicien trouvera la formule pour arrêter ce conflit. Bien que comptant des hommes courageux, mais soumis à la corruption en demeurant sur place des années sans être relevés, l'armée russe est là-bas en lambeaux. Tant qu'elle se révélera impuissante, on n'avancera pas plus que ne l'a fait Eltsine en proposant aux Tchétchènes de leur céder tout.

Par conséquent, la guerre est appelée à durer et elle est inévitable. Je ne vois pas comment le pouvoir russe, quel qu'il soit, pourrait abandonner le Caucase du Nord à son triste sort. Au reste, une majorité de la population locale a des idées très partagées sur la question. Elle n'est pas ravie à l'idée de devenir l'otage des seigneurs de la guerre, qui n'ont fait la preuve ni de leur ouverture d'esprit ni de leur capacité à proposer un programme constructif pour la région.

V.F. Le danger est bien évidemment aussi d'ordre économique : la population est appauvrie et le chômage endémique. On en revient donc à la clé de tout, qui est le développement de la Russie à un moment où la poussée islamiste peut vite faire déraper les choses. Il existe une vive tension non seulement dans le Caucase du Nord, mais aussi en Asie centrale. Si un dérapage survenait, il serait de nature à favoriser le succès du plan d'Al-Qaida. La situation est à ce point dangereuse qu'il ne faut pas sous-estimer les risques qui nous attendent. Adopter une attitude irénique par rapport aux poussées du monde arabe vers les libertés relève de la naïveté. Le même scénario peut se dérouler dans le Caucase du Nord qui aboutirait à une domination de l'islamisme, ce qui constituerait un danger pour l'Europe.

Pour autant, il ne faut pas se voiler la face devant l'évolution politique et idéologique de la Russie. Quel rôle a joué exactement l'État entre 2000 et 2012 sous les deux mandats présidentiels et la primature de Vladimir Poutine ? Les règles démocratiques furent-elles respectées ? La Russie ne fut-elle pas marquée par des tendances néo-impériales visant à une reconstitution au moins partielle de l'URSS ? Sa trame a malheureusement été sa police secrète, le KGB. Le système une fois écroulé, le FSB a fini par revêtir les habits du KGB.

L'étendue des crimes du système totalitaire n'a jamais été reconnue, Poutine réhabilitant à la fois le passé tsariste et le passé soviétique en vue de bâtir une continuité historique. S'appuyant sur des conseillers experts en relations publiques, il a habilement exploité les phobies héritées de Staline, notamment le complexe viscéral dit « de la forteresse assiégée », reflétant les craintes des Russes devant les forces hostiles de l'extérieur, en l'occurrence les Tchétchènes, l'Otan, etc. Ce processus a pris de l'élan sous son règne, avec la restauration de l'hymne soviétique, la glorification du KGB, la réécriture de l'Histoire en faveur de sa version stalinienne et le verrouillage de la presse, ainsi que le discrédit de l'Occident, accusé de donner des leçons de démocratie à Moscou pour l'affaiblir.

L'idée de reconstituer l'Union soviétique est bien présente – triomphe posthume d'Andropov qui ne devrait pas te déplaire, mon cher Alexandre ! Elle est en devenir, par le biais de verrouillages intérieurs, mais aussi d'accords économiques et politiques discrets. Le pétrole et le gaz sont pour l'heure les sources principales de la performance économique : la Russie contrôle 17 % des réserves mondiales de gaz et le prix des hydrocarbures a explosé entre 2002 et 2008. Verrouillage intérieur : cette manne a été mobilisée en priorité pour cantonner les mécanismes de marché et financer la prise de contrôle par l'État des principaux actifs du pays, notamment dans le secteur clé de l'énergie et des matières premières : 17,4 milliards de dollars ont été affectés l'année dernière à des prises de participations publiques dans des entreprises déclarées stratégiques et fermées aux investissements étrangers.

Dans le domaine des relations internationales, la Russie cherche à retrouver son influence de jadis en brandissant l'arme gazière et en s'associant avec les régimes autoritaires d'Asie centrale. Sur tous les fronts extérieurs, le Kremlin est bien décidé à faire oublier l'humiliation de l'effondrement de 1991 puis celle, plus récente, des révolutions démocratiques en Ukraine et en Géorgie qui ont réduit son influence. La constitution du noyau dur des pays slaves est donc dans l'esprit de Poutine une tendance historique qui dépasse largement le communisme.

Enfin, pour achever ce tour d'horizon de la Russie selon Vladimir Poutine, il convient de méditer sa très célèbre phrase : « Tous ceux qui ne regrettent pas l'Union soviétique n'ont pas de cœur ; mais tous ceux qui la regrettent n'ont pas d'intelligence. » Maxime à la fois lucide et ambiguë, pouvant engendrer tous les bienfaits comme toutes les dérives. Une chose est certaine en tout cas, et cela, quelles que soient les méthodes : s'il veut refonder la Grande Russie dans la droite ligne de l'empire des tsars de jadis et de l'Empire soviétique d'hier, face aux nouveaux dangers de l'islam, de la Chine et de nouveaux pays émergents, Vladimir Poutine ne devra jamais oublier l'Occident et, particulièrement, l'Europe.

A.A. Reste à connaître son avenir politique, qui s'est brutalement compliqué ces dernières semaines.

V.F. Si l'opposition a mobilisé des dizaines de milliers de personnes dans les rues de Moscou pour dénoncer sa domination sur la vie politique russe et le déroulement des élections législatives du 4 décembre 2011, Poutine demeure toujours aussi imperméable au concept de démocratie. Comme l'affirme l'un de ses ex-collègues du KGB : « Elle n'existe nulle part sur la planète. Partout, il n'y a que de la manipulation. Alors un peu plus, un peu moins… »

Résultat, depuis douze ans, les hommes des services secrets gèrent la maison Russie à la manière de la nomenklatura soviétique, voyant des ennemis partout, agissant dans la plus grande opacité, dirigeant à la fois le pétrole et le gaz, l'industrie de l'armement et les télécoms, les mines d'or et les grandes chaînes de télévision, la banque centrale, le Parlement, l'armée et les services, la police et les régions… une sorte de néo-Politburo stalinien repensé au XXIe siècle avec des intérêts croisés entre le Kremlin, les anciens espions et la mafia. La fameuse verticale du pouvoir rétablie par Poutine est fondée sur cette alliance tripartite, et tous ceux qui s'y opposent sont susceptibles d'être mis au ban au nom de l'intérêt supérieur de la nation. Ainsi assiste-t-on à la perpétuation des méthodes traditionnelles : intoxication, amalgames, provocation, chantage, intrigues byzantines et meurtres.

Après avoir minimisé le mouvement des protestataires en comparant ces derniers à des « singes bavards » manipulés et financés par l'étranger, Poutine s'est rallié aux propositions de réforme politique graduelle présentées par le président Dimitri Medvedev dans le cadre d'un « État équilibré à tous les niveaux » dont l'établissement prendrait « des décennies ». Autant dire qu'il n'entend nullement lâcher la barre. « Franchement, a-t-il observé, quand je regarde en arrière, il n'y a pas d'erreurs », son « bilan » devant lui « permettre de rester encore au pouvoir ».

Et pourtant, les législatives du 4 décembre 2011 ont fait exploser le système. Même si le parti de Poutine, Russie unie, reste vainqueur, il accuse une baisse significative par rapport à 2007. Ce qui est à la fois nouveau et inattendu. Face aux fraudes électorales, les gens ne sont plus dupes, et l'on observe une véritable dynamique de changement démocratique, le pouvoir ne pouvant plus verrouiller Internet, par lequel passe et s'organise la contestation.

La « démocratie contrôlée » que Poutine avait instaurée à son arrivée à la tête du Kremlin en 1999 ne peut donc plus durer. Il lui faudra en prendre acte et, surtout, faire avec… Dans son entourage, certains regrettent qu'il ne tienne pas suffisamment compte de la contestation dans cette perspective de l'année 2012. D'autres, les plus durs, demeurent comme lui hostiles à toute avancée démocratique, mais il est clair que l'inquiétude et la nervosité ont envahi les cercles du pouvoir du Kremlin.

Chronologie

1870	Naissance à Simbirsk, au bord de la Volga, de Vladimir Oulianov, futur Lénine.
1879	Naissance à Gori (Géorgie) de Joseph Djougachvili, dit Koba puis Staline (« l'homme d'acier »).
1880	
5 février	Attentat de S. Khaltourine contre Alexandre II (explosion d'une bombe au palais d'Hiver).
1881	
1er mars	Assassinat d'Alexandre II par les populistes.
1881-1894	Règne d'Alexandre III.
1887	
1er mars	Tentative d'attentat contre Alexandre III à Saint-Pétersbourg, impliquant Alexandre Oulianov, le frère aîné de Vladimir Oulianov (le futur Lénine).
1891	Début de la construction du Transsibérien.
1891-1917	Alliance franco-russe.

1894-1917 Règne de Nicolas II.

1894

– Tragiques mouvements de foule pendant les fêtes du couronnement de Nicolas II à Moscou (catastrophe de la Khodynka).
– Staline est admis au séminaire orthodoxe de Tbilissi, capital de la Géorgie. Expulsé cinq ans plus tard, il entre dans la clandestinité.

1896 Nicolas II en visite officielle en France.

1904 *(février)*-**1905** *(septembre)*
Guerre russo-japonaise.

1905

Janvier Première révolution russe.
20-21 janvier Grève générale à Saint-Pétersbourg.
22 janvier « Dimanche rouge »: la police et l'armée tirent sur une grande manifestation pacifique devant le palais d'Hiver.
27 juin-8 juillet Mutinerie du croiseur *Potemkine* devant Odessa.
5 septembre Traité de paix de Portsmouth entre la Russie et le Japon.
20 octobre Grève générale en Russie.
26 octobre Première réunion du Soviet de Saint-Pétersbourg.
30 octobre Manifeste du tsar Nicolas II promettant les libertés politiques et la réunion d'une Douma d'État législative.

1917

15 mars Abdication de Nicolas II.
17 mars Formation d'un gouvernement provisoire.

Juin	Offensive russe sur le front sud, soldée par un échec.
24 juillet	Kerenski devient président du Conseil.
Septembre	Tentative contre-révolutionnaire du général Kornilov, arrêtée par la Garde rouge.
14 septembre	Proclamation de la république ; Kerenski à la tête d'un directoire.
7 novembre	Coup d'État d'Octobre sous la direction des bolcheviks.
9 novembre	Formation du Conseil des commissaires du peuple, présidé par Lénine ; décrets « sur la Paix » et « sur la Terre ». Staline est nommé commissaire du peuple aux Nationalités.

1918

18 janvier	Réunion de l'Assemblée constituante élue à Petrograd.
19 janvier	Dissolution de la Constituante.
28 janvier	Formation de l'Armée rouge.
14 février	Adoption du calendrier grégorien.
18 février	Offensive austro-allemande contre la Russie soviétique.
3 mars	Paix séparée avec l'Allemagne (traité de Brest-Litovsk).
10 mars	Transfert de la capitale de Petrograd à Moscou.
Mars-avril	Corps expéditionnaire antibolchevik des Alliés à Mourmansk.
Avril	Corps expéditionnaire japonais et anglais à Vladivostok.
25 mai	Soulèvement contre-révolutionnaire du corps expéditionnaire tchèque.
8 juin	Prise de Samara par les troupes blanches appuyées par l'intervention alliée ; constitution d'un gouvernement contre-révolutionnaire.

28 juin	Formation en Sibérie d'un gouvernement provisoire contre-révolutionnaire.
4-10 juillet	Le Ve Congrès panrusse des Soviets adopte la Constitution soviétique.
2 août	Débarquement anglo-américano-français à Arkhangelsk.
30 août	Attentat contre Lénine.
1924	
Janvier	Mort de Lénine. Dans une lettre testament au Parti, le leader de la révolution suggère d'« écarter Staline car ses défauts ne sont pas acceptables ».
1924-1953	Staline dirige l'Union soviétique.
1929	À cinquante ans, Staline est le maître absolu de l'URSS. C'est le début du culte de la personnalité et de la terreur contre les koulaks.
1937-1938	La grande terreur. Plus d'un million et demi d'« éléments antisoviétiques » sont tués ou envoyés au goulag.
1941	« Opération Barbarossa ». Rompant le pacte signé en 1939, Hitler attaque l'URSS le 22 juin. En décembre, les Allemands sont aux portes de Moscou.
1943	Victoire de Stalingrad, puis de Koursk, tournants de la guerre. La même année, le fils aîné de Staline, Yakov, est abattu dans un camp de prisonniers.
1945	
Février	Conférence de Yalta. Staline, Churchill et Roosevelt se partagent le monde et décident

	de créer l'ONU. Grand vainqueur, Staline obtient l'Europe de l'Est.
1948	« Coup de Prague », les communistes s'emparent du pouvoir en Tchécoslovaquie. La même année, les Soviétiques imposent le blocus de Berlin.
1953 *5 mars*	Après quatre jours d'agonie, Staline meurt dans sa datcha, près de Moscou. Ses funérailles seront grandioses.
1953-1964	Nikita Khrouchtchev dirige l'Union soviétique.
1956	Devant le XXe Congrès du Parti communiste, Khrouchtchev dénonce certains crimes du stalinisme et le culte de la personnalité.
1962 *Octobre*	Crise de Cuba.
1964-1982	Leonid Brejnev succède à Khrouchtchev.
1979 *Décembre*	Intervention de l'armée soviétique en Afghanistan.
1982 *Novembre*	Décès de Brejnev. Iouri Andropov lui succède.
1984 *Février*	Décès d'Andropov. Konstantin Tchernenko lui succède.

1985	
Mars	Mort de Tchernenko. Gorbatchev, secrétaire général du PCUS, lance la *perestroïka*.
1988-1989	Retrait des troupes soviétiques d'Afghanistan.
1989	Élections à candidatures multiples en URSS.
1990	Instauration d'un régime présidentiel en URSS.
1991	
Mars	Gorbatchev est élu président de l'Union.
Juin	Eltsine est élu président de la Fédération de Russie. Les habitants de Leningrad choisissent de reprendre pour leur ville le nom de Saint-Pétersbourg.
19-21 août	Tentative de putsch contre le président Gorbatchev.
Décembre	Fin de l'URSS.
1996	
Juin	Réélection d'Eltsine à la présidence de la Fédération de Russie.
2000	
Mars	Vladimir Poutine est élu à la présidence de la Fédération de Russie.
2004	
Mars	Poutine est réélu à la présidence.
2007	
23 avril	Mort de l'ex-président Boris Eltsine.

2008	
Mars	Dmitri Medvedev est élu à la présidence de la Fédération de Russie. Poutine est Premier ministre.
2012	
Mars	Élection présidentielle en Russie.

Table

« Le roman des lieux et destins magiques »
Collection dirigée par Vladimir Fédorovski

Déjà parus :

Le Roman de la Russie insolite, Vladimir Fédorovski.
Le Roman de Saint-Pétersbourg, Vladimir Fédorovski, prix de l'Europe.
Le Roman du Kremlin, Vladimir Fédorovski, prix du Meilleur Document de l'année, prix Louis-Pauwels.
Le Roman d'Athènes, Marie-Thérèse Vernet-Straggiotti.
Le Roman de Constantinople, Gilles Martin-Chauffier, prix Renaudot essai.
Le Roman de Shanghai, Bernard Debré, prix de l'Académie des sciences morales et politiques.
Le Roman de Berlin, Daniel Vernet.
Le Roman d'Odessa, Michel Gurfinkiel.
Le Roman de Séville, Michèle Kahn, prix Benveniste.
Le Roman de Vienne, Jean des Cars.
La Fabuleuse Histoire de l'icône, Tania Velmans.
Dieu est-il gascon ?, Christian Millau.
Le Roman de Saxe, Patricia Bouchenot-Déchin.
La Fabuleuse Histoire de Malte, Didier Destremau.
Le Roman de Hollywood, Jacqueline Monsigny et Edward Meeks.
Le Roman de Chambord, Xavier Patier, prix du Patrimoine.
Le Roman de l'Orient-Express, Vladimir Fédorovski, prix André-Castelot.
Le Roman de Budapest, Christian Combaz.
Je serai la princesse du château, Janine Boissard.
Mes chemins secrets, Jacques Pradel.
Le Roman de Prague, Hervé Bentégeat.
Le Roman de l'Élysée, François d'Orcival.
Le Roman de Tolède, Bernard Brigouleux et Michèle Gayral.
Le Roman de l'Italie insolite, Jacques de Saint-Victor.
Le Roman du Festival de Cannes, Jacqueline Monsigny et Edward Meeks.
Le Roman des amours d'Elvis, Patrick Mahé.
Le Roman de la Bourgogne, François Céséra.
Le Roman de Rio, Axel Gyldén.
Le Roman de la Pologne, Beata de Robien.
Les Fabuleuses Histoires des trains mythiques, Jean-Paul Caracalla.
Les Romans de Venise, Gonzague Saint Bris.
Le Mystère des Tuileries, Bernard Spindler.
Le Roman de la Victoire, Bertrand de Saint-Vincent.
Le Roman de Québec, Daniel Vernet.
Le Roman de Mai 68, Jean-Luc Hees.

Le Roman d'Israël, Michel Gurfinkiel.
Le Roman de Bruxelles, José-Alain Fralon.
Le Roman de Pékin, Bernard Brizay.
Obama, Le Roman de la nouvelle Amérique, Audrey Claire.
Le Roman de mes chemins buissonniers, Jean-Pierre Fleury.
Le Roman du désert, Philippe Frey.
Le Roman d'un pianiste, Mikhaïl Rudy.
Le Roman de Bretagne, Gilles Martin-Chauffier.
Le Roman de Madrid, Philippe Nourry.
Le Roman de Cuba, Louis-Philippe Dalembert.
Le Roman de Marrakech, Anne-Marie Corre.
Le Roman du Mexique, Babette Stern.
Le Roman du Vatican secret, Baudouin Boallert et Bruno Bartoloni.
Le Roman de Nice, Jean Siccardi.
Le Roman de Saint-Tropez, Nicolas Charbonneau.
Les Amours de Hollywood, Pierre Lunel.
La Grande Épopée de la traversée de la Manche, Albéric de Palmaert.
Le Roman de la chanson française, David Lelait-Helo.
Le Roman du Jardin du Roy, Philippe Dufay.
Le Roman de l'âme slave, Vladimir Fédorovski.
Le Roman du loup, Claude-Marie Vadrot.
Le Roman de l'Inde insolite, Catherine Golliau.
Le Roman du cinéma français, Dominique Borde.
Le Roman de Belgrade, Jean-Christophe Buisson, prix de la Fondation Karić 2010.
Le Roman de Tolstoï, Vladimir Fédorovski.
Le Roman de la Rome insolite, Jacques de Saint Victor.
Le Roman de Saigon, Raymond Reding.
Le Roman de Napoléon III, Christian Estrosi et Raoul Mille.
Le Roman de Biarritz, Sylvie Santini, prix des Trois Couronnes 2010.
Le Roman de l'Orient insolite, Bernard Saint Bris.
Le Roman des maisons closes, Nicolas Charbonneau et Laurent Guimer.
Le Roman de Sissi, Elisabeth Reynaud.
Le Roman des Marins, Laurent Mérer.
Le Roman des Provences, Jean Siccardi.
Le Roman de Hemingway, Gérard de Cortanze.
Le Roman des papes, Bernard Lecomte.
Le Roman des morts secrètes de l'Histoire, Philippe Charlier.
Les Romans du Mont Saint-Michel, Patrice de Plunkett.
Le Roman de la Louisiane, Jacqueline Monsigny et Edward Meeks.
Le Roman de l'espionnage, Vladimir Fédorovski.
Le Roman du Juif universel, Elena Bonner, André Glucksmann.
Le Roman de Raspoutine, Vladimir Fédorovski.
Le Roman des aventuriers, François Céresa.

Composition et mise en pages réalisées par
Compo 66 – Perpignan
234/2012

Éditions du Rocher
28, rue du Comte-Félix-Gastaldi
98000 Monaco
www.editionsdurocher.fr

Achevé d'imprimer sur Roto-Page
par l'Imprimerie Floch à Mayenne
en février 2012

Imprimé en France
Dépôt légal : février 2012
N° d'impression : 81628